Policía y Comunidad

Elías Soae Freue

Policía y Comunidad

Una propuesta inspirada
en la experiencia policial de Israel

Jerusalén - 2019

POLICÍA y COMUNIDAD
Segunda edición

"Una propuesta inspirada en la experiencia policial comunitaria de Israel"
Elías Soae Freue 2019

Edición: Elías L. Benarroch

Serie: Seguridad Comunitaria – tomo I

Todos los derechos reservados. Quedan prohibidos, dentro de los límites establecidos en la ley y bajo los apercibimientos legalmente previstos, la reproducción total o parcial de esta obra por cualquier medio o procedimiento, ya sea electrónico o mecánico, el tratamiento informático, el alquiler o cualquier otra forma de cesión de la obra sin la autorización previa y por escrito de los titulares del copyright.

A mis padres, Amelia Freue y Moisés Soae (q.e.p.d.)
que me inculcaron la sublimidad
de ayudar al prójimo

Agradecimientos

> Si confieres un beneficio, nunca lo recuerdes;
> si lo recibes, nunca lo olvides (Quilón)

Escribir este libro ha requerido la colaboración de numerosas personas desde su concepción hasta las fases de diseño e impresión. Ha exigido un titánico esfuerzo de expertos, ex compañeros policías, amigos y familiares que en todo momento lo han apoyado con su sabiduría, paciencia y, sobre todo, prudencia en la transmisión con claridad de ideas y conceptos.

De este *"staff"* tan particular me gustaría mencionar en primer lugar a la única dama de la ilustre plana, la superintendente **Shoshi Edelstein**, oficial de la Policía comunitaria de Israel, ex compañera de trabajo, amiga y quien me impulsó a esta nueva faceta de escritor y conferenciante. Ella fue la que concibió la mayor parte de los modelos contra la violencia implementados en las escuelas israelíes, la que me inculcó los códigos didácticos más novedosos y la que me enseñó a aplicarlos en las distintas esferas y entornos sociales.

Es para mí un honor agradecer su contribución y tiempo a tres eruditos que me impulsaron con su crítica y apoyo desinteresados, y que hicieron posible que este libro saliera de imprenta: el Doctor **Jacob Levy Cohen**, por alentarme con sus sabios consejos e instarme a escribir este libro; **Meir Steinhart** (PhD.), profesor asociado de la Universidad de Haifa y del Instituto Internacional para el Liderazgo de la Histadrut (Beit Berl, Kfar Saba), por sus reflexiones y matizaciones en el campo de las ideas; y **Edgardo Velásquez**, licenciado en Ciencias Jurídicas y Derecho Penitenciario en la República Dominicana y director de la Escuela de Derecho de la Universidad Tecnológica de El Salvador, por su empuje y aliento incansables. El aporte de cada uno de ellos ha sembrado el texto de una calidad intelectual y didáctica que no es sino el reflejo de sus cualidades humanas como personas y amigos.

Insustituible también el apoyo del Departamento para América Latina del Instituto Internacional para el Liderazgo de la Histadrut. Mi agradecimiento a su director académico, **Sergio Grin**, por unos comentarios y valoraciones que han enriquecido y dotado de proyección internacional el contenido de esta obra; y al asesor académico y conferenciante del curso "Periodismo en zonas de conflicto", **Elías Levy Benharroch**, cuyo meticuloso trabajo de edición y severa crítica me han descubierto los aspectos más impensables de la composición y redacción de un libro.

Finalmente, a mi esposa **Miriam** y a mis hijas **Yamit**, **Sara** y **Yael**, que acompañaron el siempre difícil proceso de gestación de un libro con su inagotable paciencia, ilimitado aliento y eterno cariño.

A todos ellos, mi más profundo agradecimiento.

Elías Soae Freue
Jerusalén, julio 2019

Prólogo

Diez años de experiencia avalan el contenido de un libro que busca compartir con otros pueblos y estados las experiencias del Departamento de Policía comunitaria y Seguridad comunitaria de Israel. Los modelos descritos en esta obra han sido creados por la Policía de Israel y concienzudamente adaptados al entorno de América Latina y las necesidades de cada comunidad. La amplia variedad de ejemplos que contiene ayudará al lector a profundizar en los diferentes componentes, mecanismos e ideas de cada modelo, permitiendo su rápida y eficaz aplicación.

La obra pone especial énfasis en tres campos de acción fundamentales que han ayudado a la Policía comunitaria de Israel a reducir los índices de delincuencia y violencia callejera siendo decisivos a la hora de aplicar los modelos propuestos en cualquier sociedad moderna:

1. Prevención de la violencia juvenil en las instituciones educativas, desde el jardín de infantes hasta la orientación universitaria, pasando por cada una de las etapas de las escuelas primaria y secundaria.

2. La inexorable alianza "Comunidad - Municipio (Gobierno local) - Policía comunitaria" como fórmula ineludible a la hora de afrontar problemas con ramificaciones en todos los estratos de la población y de la vida diaria.

3. El voluntariado vecinal en patrullas de barrio para fomentar la seguridad ciudadana y al mismo tiempo concienciar al ciudadano de su responsabilidad personal en el destino de la sociedad en la que vive.

Cada uno de estos campos de acción queda subordinado a una serie de cambios para su adaptación a la realidad y leyes de cada país, pero, tratándose de un modelo holístico, su éxito dependerá en todo momento de la aplicación y funcionamiento al unísono de todos los elementos propuestos.

Este manual de servicio contiene de forma general las herramientas necesarias para generar un cambio radical, herramientas con las que fortalecer, proteger y mejorar la calidad de vida en la comunidad e incrementar la percepción de seguridad en la ciudadanía. En esencia, el modelo israelí propone la opción preventiva como fórmula de acción, en contraste con la actuación reactiva de la Policía clásica, y tiene presente en su formulación el famoso proverbio de Albert Einstein: "Dar ejemplo no es la principal manera de influir sobre los demás; es la única manera".

Para terminar, unas palabras sobre el autor. Las ideas, modelos y proyectos que propone este libro han sido aplicados con gran éxito por Elías Soae en la comunidad de Guiló, uno de los barrios más grandes de Jerusalén. Su extraordinaria implementación le hizo merecedor de la distinción de "Mejor Policía de Israel" en 2009. Y dado que "no hay más sabio que quien tiene experiencia", estoy convencida de que el contenido de este volumen ayudará al lector a crear una comunidad más segura allá donde se encuentre.

En reconocimiento a todos sus años de servicio

Shoshi Edelstein, superintendente
Directora de Programas de Prevención
Policía comunitaria de Israel

Prólogo del autor

El objetivo de esta obra es compartir con los lectores de habla hispana la experiencia acumulada en Israel en el área de Policía comunitaria según los parámetros y modelos que en este país han contribuido de forma decisiva al fortalecimiento de la comunidad y a la lucha contra la violencia. Han fomentado también el desarrollo de una gran alianza entre la Policía comunitaria, las instituciones gubernamentales a todos los niveles y las distintas comunidades a las que sirve. En términos generales, el propósito de los planes de acción que incluye es crear un modelo holístico en el que el policía sea percibido por el ciudadano como un elemento positivo de construcción social, de ayuda activa al vecindario y en el que la acción policial ponga el énfasis en la labor preventiva, en claro contraste con la "Policía clásica" que actúa de manera reactiva. Con tal fin, este volumen formula una serie de planes de prevención de la delincuencia en un proceso de cooperación con lo que denominaremos los "vecinos voluntarios de la Seguridad Comunitaria", los dirigentes y agentes de la comunidad y las instituciones relevantes de gobierno, nacional y local.

En las numerosas entrevistas realizadas para este libro, he podido apreciar una progresiva deslegitimación tanto de los policías hacia la comunidad, como de ésta hacia los policías. Por un lado, muchos agentes policiales asumen que los ciudadanos que acuden a ellos en busca de algún tipo de servicio representan un lastre injustificado para su trabajo. Por el otro, la ciudadanía ve al policía como un "sirviente" y no como a un "servidor".

Entre esos dos extremos emerge la figura del policía comunitario como elemento de equilibrio y nexo de dos polos que exige la cooperación en bien de la sociedad en la que ambos viven y trabajan. Un policía en el sentido amplio de la palabra, una suerte de agente polivalente que podría ser descrito también como un "**MULTIPOLicía**" o "**MULTIPOL©**" por la variedad de sus funciones y el espectro de sus obligaciones. Hablamos de una simbiosis entre un policía capaz de seguir representando a la Policía clásica en todas las funciones reactivas, y de un agente comunitario que actúe desde dentro de la comunidad hasta casi convertirse en uno de sus miembros. Un agente que sienta como suyas las necesidades del ciudadano, que defienda sus intereses frente a los organismos locales y nacionales -y no sólo represente los de la Policía- y que impulse una serie de cambios en bien de toda la comunidad.

En el cumplimiento habitual de sus funciones, este "**MULTIPOLicía**" puede generar un cambio decisivo en la percepción a la que aludía anteriormente, de forma que ambas partes se concedan la legitimidad que necesitan dentro del estructurado entorno que supone una democracia y puedan establecer, desde el respeto mutuo, un diálogo sincero y productivo. Y si tenemos presente que no hay peor delito que aquel que no es denunciado por la víctima -independientemente de la razón que esconda esa decisión-, no podremos sino concluir que esa actitud refleja un claro signo de desconfianza hacia la labor policial, un síntoma que debilita nuestra sociedad y, eventualmente, acabará ensombreciendo el carácter genuino de la democracia.

Es por ello que nuestro barómetro de delincuencia no debe ser definido ni por las estadísticas de víctimas ni por los "mapas térmicos" de colores oscilantes para reflejar la gravedad de la delincuencia -en los que el rojo es el más alarmante-, sino por la **percepción de seguridad** que presenta la ciudadanía en un entorno dado. Es decir, si una madre envía a sus hijos al colegio o a un parque sin temor a que sean agredidos; si los vecinos tienden la ropa recién lavada sin miedo a que se la roben; o si un peatón cruza la calle sin arriesgarse a perder la vida en el intento. Esos serán nuestros mejores indicadores de una sociedad sana y sin violencia, una aspiración a la que el ciudadano puede -y debe- contribuir asumiendo la responsabilidad que le corresponde. Dejar todas las obligaciones en manos de las autoridades puede ser justo -para eso pagamos impuestos y elegimos a nuestros gobernantes- pero desde luego ha probado ser poco efectivo. La complejidad de la realidad en la que todos nosotros vivimos exige que el ciudadano participe de forma activa en el diseño de su propio destino y que contribuya en la resolución de problemas a los que sólo él tiene la llave.

Israel, por circunstancias que el lector hallará en el interior de este volumen, tiene uno de los índices más altos de voluntariado. Y aunque no ha conseguido resolver todos los problemas, la alta y desinteresada participación ciudadana sí ha contribuido a reducir su impacto negativo y hasta controlarlos para que sus vidas sean un poco más tranquilas y seguras. En las páginas de este libro, el lector hallará incontables problemas que aquejan a la sociedad israelí en el plano delictivo y las soluciones que se han aplicado en el transcurso de los años para neutralizarlos. Pero básicamente encontrará los planes de acción necesarios para corregirlos a largo plazo mediante un intenso contacto con la ciudadanía a través de programas preventivos destinados a crear una nueva cultura social y que fueron concebidos también por nuestra Policía comunitaria.

ÍNDICE

AGRADECIMIENTOS
PRÓLOGO
PRÓLOGO DEL AUTOR

1. **Introducción** 1
    Recuperar una figura milenaria

2. **Israel: sociedad y democracia** 9
    Historia: un estado joven con un pueblo milenario
    Gobierno y democracia: la división de poderes
    Derechos humanos y civiles
    La Policía y los derechos humanos

3. **La Policía de Israel** 23
    Una policía con jurisdicción nacional
    La Policía "tradicional"
    Distribución de fuerzas y recursos humanos
    Estructura geográfica y orgánica
    Comunidad y Seguridad Comunitaria

4. **La Policía comunitaria: organización y objetivos** 35
    El caso de Israel
    Estructura, objetivos y funciones: los CPCs

5. **MULTIPOL© - El policía comunitario polivalente** 45
    Programa de capacitación
    Logística y equipos en el CPC
    Operaciones de rutina del "**MULTIPOL©**"
    Previsión del programa de trabajo

6. **El Centro de Policía Comunitaria (CPC)** 57
   Proceso burocrático: requisitos y financiación
   Ubicación óptima y dotación
   Vecinos voluntarios

7. **Voluntariado vecinal: Seguridad Comunitaria (SC)** ... 65
   Marcos legales
   Condiciones de alistamiento - voluntariado clásico
   Deberes, obligaciones y derechos del voluntario
   Presupuesto y rentabilidad
   Unidades especiales de voluntarios

8. **Voluntariado juvenil** 85
   Funciones
   Horarios y frecuencia
   "Base juvenil" y "Unidad de menores"

9. **Herramientas y técnicas de trabajo** 95
   Cartografía geográfica y delictiva de la Microzona
   Cuadro de prioridades
   Carpeta de terreno
   Alianzas
   Código ético

10. **Modelos urbanos de prevención y concienciación** ...111
    Fases y mecanismos
    Modelo 1: Plan de acción "Barrio Seguro"
    Modelo 2: Plan de acción "Comunidad segura"
    Modelo 3: Tecnología del espacio abierto (OST)
    Modelo 4: Banco del tiempo
    Modelo 5: Edad Platino - jubilación y voluntariado
    Modelo 6: Día de Policía y Comunidad

11. Violencia juvenil **145**

　　Actores cruciales en la lucha contra el acoso
　　Modelo 1: Mi policía y yo (Jardín de infantes)
　　Modelo 2: Seguros desde la básica (Primaria)
　　Modelo 3: Escuela segura (Secundaria)
　　Modelo 4: Espacio de Aprendizaje Alternativo (EAA)
　　Modelo 5: Patrulla de padres

12. La Microzona de Guiló: un ejemplo práctico **167**

　　Historia y contexto social de la Microzona
　　Fase 1: Definición de problemas y cartografía
　　Fase 2: Distribución de fuerzas policiales
　　Fase 3: Aplicación de modelos y resultados
　　Planes de acción para otros grupos de riesgo

13. Conclusiones **187**

　　MAPAS y GRÁFICOS

1. Introducción

No es ningún secreto que vivimos en una exigente etapa de la historia que en muchos casos llega a ser asfixiante: información masiva por una cantidad infinita de canales, redes sociales, relaciones personales, relaciones institucionales... la mera reciprocidad e interacción "de todo con todo" nos impone una complejidad que exige cambios dramáticos e invita a desafíos. Las características de los métodos de acción que ejercía la Policía, como quien dice hasta ayer mismo, no se ajustan más a nuestra realidad y, mucho menos, cuando ésta adquiere o arrastra pigmentos emocionales que demarcan con un grado notorio de descontento cuál es la parte que ordena y cuál es la que cumple. Todos nosotros, individuos y organizaciones que trabajamos en y para la comunidad, sufrimos a nivel humano y operativo la demanda de cambios rápidos, a veces vertiginosamente bruscos, para poder cumplir con nuestra labor. Son cambios que necesitamos asimilar con la mayor rapidez posible.

Para poder evaluar la realidad en su correcta dimensión, tomar decisiones en circunstancias de gran complejidad, aplicar soluciones efectivas y dotar de contenido la labor policial -ya de por sí complicada por reunir a los personajes y circunstancias más dispares y curiosos-, hará falta poner en marcha modelos integrales que permitan afrontar situaciones con diferentes estratos e inercias a un mismo tiempo, entre ellos, principalmente los de carácter preventivo. Hoy, quizás más que nunca, estos modelos de acción deben ser flexibles y reajustables a la realidad de cada lugar. En otras palabras, que no consagren el orden existente como una situación invariable e inmejorable. Sólo de esta forma podremos adentrarnos con eficacia en ese espacio que hay entre el orden y el caos, en ese espacio en el que ocurren las cosas y en el que debe emerger esa nueva figura que llamamos "Policía comunitario", pero que por las características y alcance de sus funciones y obligaciones bien podría ser denominado también "MULTIPOLicía" o "**MULTIPOL©**". Éste es el punto de encuentro con la nueva realidad, y como todo lo demás también deberá evolucionar constantemente hasta alcanzar el punto óptimo que ofrezca soluciones prácticas para el futuro.

Esta obra aborda las teorías existentes para la "gestión" de este espacio en constante evolución, pero es sobre todo una mirada introspectiva a la práctica. Es una mirada a los cambios funcionales que pueden aplicarse a través de la participación, colaboración y gestación de alianzas entre los vecinos de una comunidad y los cuerpos u organismos que actúan en ella. Sólo a través de ellos podremos observar, analizar y eventualmente dar respuesta a las situaciones que las fuerzas operativas afrontan en su quehacer diario. A la vez, analiza los elementos y factores a tener en cuenta en esta realidad en constante evolución para:

- Hacer una descripción fidedigna de la realidad en su síntesis más natural con el fin de mejorar el desempeño de los distintos agentes sociales y del orden en la prevención de la violencia en todas sus formas y versiones, con particular atención a la violencia juvenil y la que afecta a los grupos sociales más vulnerables: ancianos, minusválidos, familias monoparentales, etc.

- Conocer los métodos de trabajo y objetivos, conseguir la completa y homologada integración entre ellos, y las técnicas de verificación de modelos en cada fase del trabajo.

- Lograr una singular familiarización con la "cartografía zonal" (base de datos de la demografía del vecindario) y con la labor que ha de ejecutar la Policía comunitaria, de forma que pueda generar un cambio positivo en los vecinos en el momento más adecuado para todos los componentes y actores comunitarios.

- Hacer un seguimiento constante de los cambios generados y poder verificar que realmente se alcanzan las metas fijadas enmendando las soluciones en casos de desviación e, incluso, cambiando de metas sobre la marcha si éstas no fuesen las más indicadas en ese preciso momento. Es indispensable tener en cuenta que la evolución de la realidad siempre acabará trazando el camino necesario.

- Administrar y alentar los cambios desde dentro de la comunidad por medio de la participación activa de los vecinos en el marco de grupos de voluntarios, como por ejemplo un cuerpo de Seguridad Comunitaria (SC). Con su ayuda será mucho más fácil definir aquellos comportamientos antisociales que tengan influencias negativas sobre la percepción de seguridad de los vecinos.

Recuperar una figura milenaria

Una percepción que, a veces sin responder siquiera fehacientemente a la realidad, es sin duda la *raison d'être* de esa organización conocida en todo el mundo como Policía y que traza sus orígenes al siglo XIII a. C, según aparece ya descrito en la Biblia. Es cierto que en su descripción moderna la Policía es una fuerza de seguridad encargada de mantener el orden público y la seguridad de los ciudadanos, un organismo más a disposición del Estado que de la ciudadanía, y que por tanto no es autónomo, sino que está a las órdenes de las autoridades políticas. Pero no siempre fue así. De hecho, en hebreo, la noción de policía (*"shotér"*) nació como elemento de coordinación comunitaria para garantizar las necesidades de la población y la justicia social. Es con esa función como la describe por primera vez en la historia el Antiguo Testamento, en el que Dios ordena a Moisés designar "jueces y policías en todos los portones" (Deuteronomio 16:18). A la noción bíblica del "policía" (el término latino en su aplicación contemporánea es mucho más avanzado) se le concede el propósito exclusivo de lo que hoy conoceríamos como "Policía comunitaria", es decir, estar cerca del pueblo, sentir sus necesidades y ayudarle en su vida cotidiana.

Siglos después, en el período helenístico, el concepto se entremezclaría con otros que hacían alusión a las ciudades-estado (*polis*) y a su gobierno, generando un cambio de funciones y dando paso, con el transcurso del tiempo, a la figura clásica del "policía" tal y como la conocemos hoy. Fue un alejamiento del pueblo para convertirse en parte ejecutora de la Administración del Estado. Y sin menospreciar en lo más mínimo esa función tan necesaria para el orden público y la seguridad ciudadana, la realidad actual nos traza un nuevo camino. Nos impone nuevas reglas de juego y necesidades que demandan la prevención como método de acción y la recuperación de esa antigua figura prescrita por la Biblia como garante de seguridad de los ciudadanos: el policía comunitario.

En los últimos años numerosos cuerpos de policía en el mundo occidental se van volcando cada vez más hacia esa milenaria figura del agente policial, viendo en él un instrumento ideal para conseguir sus metas. Lo hacen en el convencimiento de que el policía debe ser un "servidor" del ciudadano y no a la inversa, pero también -y no por ello deja de ser menos legítima o eficiente- por una razón meramente económica. Las limitaciones presupuestarias de los gobiernos impulsan la necesidad de concebir un cuerpo de policía inteligente y capaz de afrontar los mismos problemas con menos gasto y recursos humanos. Asimismo, su naturaleza "comunitaria" le otorga automáticamente una legitimidad casi inapelable, fomentando un ambiente de solidaridad y sentimiento de destino común entre la comunidad y la Policía. Y si bien es cierto que en muchos países del mundo existen desde hace tiempo unidades de Policía comunitaria, también lo es que el concepto bajo el que operan ha sufrido alteraciones nada favorables en su funcionalidad y atribuciones, de forma que en la práctica se trata de una "policía de proximidad" o "de cercanía". Un cuerpo que, sin desmerecer su aporte a la seguridad ciudadana, en muchos casos no consigue establecer y desarrollar proyectos sostenibles de carácter preventivo para el futuro.

Esa proyección sólo será posible volviendo a la esencia más genuina del "policía comunitario" y tras una homologación transnacional de sus funciones y responsabilidades. Incluye igualmente la formación del agente en conocimientos tanto policiales como comunitarios. Aunque gran parte de los conocimientos sean adquiribles en cursos de especialización, ciertas cualidades serán innatas a la hora de abrirse al entorno en el que habrá de trabajar. Estas aptitudes especiales son las que le ayudarán a fundar alianzas con los distintos agentes y actores sociales, y a consolidar la más imprescindible de todas: la "gran alianza" entre la comunidad, el municipio o gobierno local, y la policía. En este triángulo circula la detección de problemas que perturban a un vecindario y de él saldrán las soluciones prácticas, rápidas y efectivas. Sólo con ella el agente de policía comunitario, o "**MULTIPOL©**", podrá guiar a los vecinos y ganar su credibilidad y colaboración.

Asimismo, con este modelo la Policía podrá convertirse en un instrumento operativo que llegue a concentrar en sus manos los recursos necesarios con los que brindar una óptima respuesta a los problemas de inseguridad personal en el vecindario y darles respuesta con la participación activa de los vecinos. Estos lo harán en plena armonía dentro de unos marcos preestablecidos que en todo momento estarán bajo la autoridad, responsabilidad, coordinación y entrenamiento del policía comunitario, como puede ser el caso de una Seguridad Comunitaria (SC). La esencia de esta actividad radicará en planes de prevención dentro de las instituciones escolares -desde el jardín de infantes hasta el último curso de secundaria- para que ayuden a impedir la violencia juvenil en sus fases primaria y secundaria, y siempre evitando etiquetar al joven como un delincuente. Por "Prevención Primaria" se entiende aquellas estrategias especialmente concebidas para niños y jóvenes antes de que aparezcan los síntomas de un problema, y por la "Secundaria" aquellas adoptadas después de que niños jóvenes dan muestra de las primeras señales de un comportamiento violento y con las que se pretende evitar su agravamiento.

La Policía "clásica" y otros organismos institucionales más capacitados en la delincuencia juvenil y pandillaje, deberán seguir ocupándose de la fase preventiva Terciaria, que consiste en centrarse en niños o jóvenes que ya "cayeron" en problemas de carácter penal, aplicando los tratamientos convencionales previstos en la ley. Es decir, que por "prevención" debemos entender cualquiera de las medidas adoptadas para intentar reinsertar en la sociedad a niños y jóvenes.

Fuera de modelos de prevención de violencia juvenil, epicentro de la actividad del "**MULTIPOL©**" como herramienta de futuro, se deberán crear igualmente otros para aquellos grupos de población más vulnerables, entre ellos ancianos, minusválidos y mujeres, y procesar planes de acción ante acontecimientos inesperados, desde terremotos y otros desastres naturales, hasta motines y situaciones bélicas de emergencia nacional. Estos escenarios son períodos en los que la Policía clásica y las autoridades civiles suelen estar muy atareados y al límite de sus recursos, por la que la comunidad, encabezada por el policía comunitario, puede y debe ofrecer una pronta respuesta a las necesidades más urgentes de la población civil, generalmente en las primeras etapas de la crisis.

El modelo de acción para crear un cuerpo de Policía comunitaria eficaz y comprometido es pormenorizado en las páginas a continuación con los tipos de doctrinas, estrategias y procedimientos; con los elementos básicos y reajustables que harán del agente comunitario un instrumento corrector sin igual: un representante de la comunidad dentro de la Policía y, también y no menos importante, un representante de la Policía en la comunidad.

2. Israel
Sociedad y democracia

Aplicar un modelo de prevención de violencia requiere conocer a fondo el entorno político, jurídico, social y económico al que está destinado. Requiere conocer las raíces históricas de la realidad en las que yace ese entorno, las fuerzas que controlan los procesos de toma de decisión y la dinámica social que confluye en sus calles. Esas raíces sociológicas, comunitarias y legales son la base de cualquier modelo y dado que la propuesta descrita en este libro se inspira en el ejemplo de Israel para poder trasladarlo a otras sociedades es imprescindible conocer también, aunque someramente, la realidad israelí que le da vida. Sólo así, el lector podrá hacerse una idea de cuáles, cómo y dónde aplicar una u otra idea, y proyectarla a su propio condominio.

En una comparación un tanto simplista, pero que sin duda puede ofrecer al lector hispanoparlante una idea de sus dimensiones geográficas, Israel responde al tamaño de El Salvador. Tiene una superficie de sólo 22.072 km² (27.799 km² con Cisjordania), distribuidos de norte a sur en una estrecha franja costera septentrional y otra más extensa meridional de clima desértico (ver mapa en página 30). Su población de 7,881 millones de habitantes está fraccionada por el origen étnico de sus ciudadanos (75,3% judíos, 20,6% árabes y 4% otros grupos), con numerosas subdivisiones en cada uno de ellos de acuerdo a ancestros, religión, tribus y clanes. El crisol de orígenes e identidades dentro de la sociedad israelí viene potenciado por su vertiginoso crecimiento desde su fundación hace poco más de medio siglo, cuando sólo constaba de unos 650.000 habitantes. La consolidación de todos estos grupos, con los problemas particulares y de integración que cada uno de ellos arrastra, ha sido siempre uno de los retos más importantes de los gobernantes israelíes.

Historia: un estado joven con un pueblo milenario

Israel nació el 14 de mayo de 1948 a raíz de la resolución 181 de Naciones Unidas, conocida popularmente como la Resolución de Partición del Mandato Británico en Palestina. Nació a la sombra de uno de los períodos más oscuros de la humanidad y, ciertamente, uno de los tres episodios más traumáticos en la historia del milenario pueblo judío: el Holocausto[1]. El asesinato en masa e industrializado de seis millones de judíos a manos del régimen nazi que gobernó Alemania entre 1933 y 1945, ha sido el mayor genocidio de la historia de la humanidad dejando patente la necesidad de que el pueblo judío tuviera un hogar nacional y que la comunidad internacional respaldara en la ONU las propuestas e iniciativas que el Movimiento Sionista había planteado a fines del siglo XIX. Una aspiración que ya latía firmemente

---

[1] En la conciencia colectiva judía los otros dos episodios más traumáticos fueron la destrucción del Segundo Templo de Jerusalén por los romanos en el 70 d. C., que se tradujo en la pérdida de la independencia nacional y un exilio de 2.000 años; y la Expulsión de España en 1492 en ese a veces mal llamado proceso de la "Inquisición". Junto con el Holocausto, los tres episodios dejaron una huella indeleble que hasta el día de hoy determinan el comportamiento de los judíos, en general, y de los israelíes, en particular.

en la Tierra de Israel en la forma de un renacimiento nacional, cultural, religioso y económico a gran escala impulsado por los movimientos nacionalistas del siglo anterior.

El rechazo de los países árabes a la Resolución de Partición y la declaración de un permanente estado de guerra con Israel, todo ello en medio de una decidida política para absorber y dar refugio a los cientos de miles de judíos sobrevivientes del Holocausto y de las olas de antisemitismo en los países árabes, sellaron un destino muy particular que incidió con fuerza en la idiosincrasia israelí. La imposición de medidas de seguridad extraordinarias no es extraña al común de los israelíes, como tampoco lo son los llamamientos a la contribución individual en pro del bien colectivo. No es casual pues que Israel tenga uno de los niveles más altos del mundo en voluntariado civil y que el israelí promedio esté dispuesto a dejar sus quehaceres diarios y familia, a veces incluso a un alto precio económico privado, para embarcarse en campañas locales y nacionales de ayuda a la sociedad. Asimismo, el reducido tamaño del país tiene un fuerte impacto en la interdependencia social ya que casi cualquier evento traumático afecta directamente a toda la comunidad. Un estudio realizado hace varios años sobre el impacto psicológico de la Intifada de Al-Aqsa[2] revelaba que uno de cada cinco israelíes conocía personalmente o era familiar, en mayor o menor grado, de alguna de las más de 1.500 víctimas mortales de los atentados terroristas palestinos.

Es cierto que en las últimas dos décadas Israel ha entrado en un proceso de "normalización" social y estatal en el que el individualismo aflora con frecuencia por encima del bien colectivo, pero aún en

---

[2] Los períodos de rebelión palestina contra Israel suelen conocerse por el nombre de Intifada, del término árabe que significa en español "levantamiento" o "agitación". La primera fue entre 1987 y 1993, y la segunda entre 2000 y 2005, y es más conocida como la Intifada de Al-Aqsa por el lugar donde estalló, la mezquita del mismo nombre en Jerusalén.

niveles muy por debajo del promedio de cualquier sociedad occidental. Los ejemplos de esta consolidada alianza y compromiso social son notorios en los porcentajes de voluntariado, en la cantidad de donaciones privadas, en la creación de asociaciones benéficas particulares y en las frecuentes iniciativas de movilización social para defender a los más débiles y vulnerables.

No hay duda de que, en la prolongada y épica historia de los estados europeos y americanos, 64 años no son más que varias páginas dentro de un mismo capítulo de su historia. Pero en la de los estados que obtuvieron su independencia después de la Segunda Guerra Mundial (1939-1945), a veces, ese mismo período de tiempo puede abarcar varios capítulos completos; otras, secciones enteras de un libro; en el caso de Israel, volúmenes completos. Finalizado el período de gestación política nacional en el que el ciudadano estuvo a plena disposición de los intereses colectivos -sociales y nacionales-, Israel está en un nuevo período, de consolidación individual, con las consecuencias que ello tiene en todos los aspectos de la vida. Es un período de "concreción individual" que se ha traducido en pujantes iniciativas tecnológicas e industriales y en la formación de fortunas personales de alcance internacional.

Queda lejos el período de racionamiento en el que Israel nació. Hoy es una de las economías más avanzadas del mundo, con un Producto Interno Bruto *per cápita* de unos 29.000 dólares anuales según datos del Banco Mundial. Tiene además un potencial humano altamente cualificado que le permite recuperarse de crisis y recesiones económicas con relativa facilidad. La tecnología y la capacidad innovadora son sus puntas de lanza, pero, desgraciadamente, este rápido desarrollo económico desde el sector privado ha generado también una alarmante disparidad social entre ricos y pobres, con consecuencias palpables para la seguridad comunitaria y el bienestar de la ciudadanía. Los informes anuales de la Organización para el

Desarrollo y la Cooperación (OCDE), de la que Israel forma parte desde 2010, advierten una y otra vez de los peligros de esa disparidad.

Gobierno y democracia: la división de poderes

Aunque aún sin constitución[3], Israel es una república democrática parlamentaria gobernada y administrada sobre la base constitutiva de una estricta división de poderes, como cualquier otra democracia occidental.

El **Poder Legislativo** lo asume el Parlamento o *Knesset*, representante soberano del pueblo y que en el caso de Israel es unicameral. Está constituido por 120 diputados elegidos cada cuatro años por sufragio universal (mayores de 18), y en un sistema electoral proporcional de una sola circunscripción. El fraccionamiento étnico y religioso actúa como un lastre en la gobernabilidad del país y conduce a elecciones cada poco más de tres años. Hay asimismo un débil equilibrio político dentro de la Cámara, que está dividida en más de una decena de grupos parlamentarios y en la que no siempre el más numeroso es el que gobierna. En la decimoctava legislatura, que comenzó en 2009, el partido *Kadima* (Adelante) ganó 28 escaños, pero fue el *Likud* (Unión), con uno menos, el que pudo formar gobierno con otros aliados del centro y la derecha nacionalista. El trabajo del Ejecutivo queda supeditado a un frágil entramado de intereses

---

[3] La Declaración de Independencia del Estado de Israel estableció en 1948 los derechos, obligaciones y garantías dentro del estado a modo de Carta Magna, estableciendo desde entonces la plena igualdad entre sus ciudadanos independientemente de su origen nacional y credo religioso. En la segunda mitad de los noventa del siglo pasado se hizo un tímido intento para dotar al estado de una constitución propiamente dicha que, por complejas razones fuera del alcance de este libro, quedó en una serie de Leyes Fundamentales a modo de garantías jurídicas para el ciudadano. Un estudio recomendado sobre la dinámica política y constitucional israelí, y de los problemas que la aquejan, es "Israel and the Politics of Jewish Identity: The Secular-Religious Impasse" (Johns Hopkins University Press, 2000).

sectoriales y obtener el respaldo de la Cámara a cualquier proyecto de ley puede exigir en la mayoría de los casos un arduo trabajo. Su aprobación dependerá de que por lo menos cuatro o cinco partidos, entre ellos al menos uno de los dos mayoritarios, voten a favor.

El **Poder Ejecutivo** reside en el gobierno elegido de forma democrática por el pueblo, pero no directamente como en otras repúblicas sino por mayoría parlamentaria. Debido a que Israel no tiene un régimen presidencialista, ni constitución, después de elecciones el primer candidato de lista parlamentaria más votada (a veces de la segunda) dispondrá de un período preestablecido para formar gobierno mediante alianzas con otros partidos, generalmente de su espectro ideológico, pero no siempre es así.

La llamada "Ley Básica del Gobierno" de 1968 -enmendada en 1992- es una de las leyes fundamentales que, compiladas, debían haber abierto el camino hacia una Constitución y define claramente la esencia del ejecutivo, sus atribuciones, poderes y lugar en la estructura del régimen político israelí. Esta ley describe el Gobierno como el "Poder Ejecutivo del Estado" no dejando lugar a otros focos de autoridad más allá de los prescritos bajo la jerarquía gubernativa. Es por ello que el presidente de Israel, que ostenta el cargo de "Jefe del Estado", no es más que una figura representativa a efectos de protocolo.

Organismos públicos que ayudan al Poder Ejecutivo a implementar sus políticas y cumplir con sus funciones en el campo de la seguridad son: el Ejército de Defensa de Israel, en su acrónimo hebreo *"Tzáhal"* y en el que sirven de forma obligatoria todos los jóvenes mayores de 18 años (hombres 36 meses, mujeres 24); el servicio general de seguridad interna, más conocido por sus acrónimos hebreos *"Shabak"* o *"Shin Bet"*; el servicio de seguridad exterior y espionaje, conocido en todo el mundo como *"Mossad"* (Institución) por la primera palabra de su nombre completo en hebreo (*HaMossad leModiín u leTafkidim Meyujadim*, Institución de Inteligencia y de

Operaciones Especiales); y la "Policía de Israel", epicentro de esta obra. Cuatro organismos dedicados a velar por la seguridad del Estado, entre otras vías, mediante la ejecución de las leyes propuestas por el Poder Ejecutivo y aprobadas por el Legislativo.

El **Poder Judicial** en Israel tiene las mismas prescripciones que cualquier otro de su naturaleza en una democracia occidental, que no es otra que la de impartir justicia de acuerdo a las leyes aprobadas por el Poder Legislativo. Debido a que no existe una constitución, es el Tribunal Supremo, convocado a sesión como "Alta Corte de Justicia" y con un máximo de quince jueces supremos, el que vela por la legalidad de cualquier nueva legislación y la que garantiza el respeto de los derechos ciudadanos, es decir que hace las veces de Tribunal Constitucional.

En su formato más habitual, las distintas instancias judiciales tratan los casos de violación de la ley mediante el código penal a su disposición aprobado por el poder legislativo y en base también a la jurisprudencia, una herencia del sistema judicial británico. Asimismo, intervienen en la resolución de disputas de carácter civil entre los ciudadanos y las autoridades y en demandas de carácter privado. En los últimos años, a raíz de la masiva acumulación de expedientes en los tribunales, los magistrados israelíes alientan sistemáticamente a la resolución de conflictos privados con la ayuda de mediadores externos, limitándose a refrendar cualquier solución que sea alcanzada de mutuo acuerdo.

El poder judicial reparte sus funciones en tres tipos de juzgados, los dos primeros también con atribuciones de Juzgado de Menores: Juzgados de Paz, que están ubicados en todas las ciudades; Tribunales de Distrito, sólo en las seis ciudades más grandes del país; y el Tribunal Supremo, con una única sede en la capital, Jerusalén, y que asume esa doble función mencionada anteriormente de tribunal constitucional cuando es convocado como Alta Corte de Justicia.

Derechos humanos y civiles

Hace ya más de 2.300 años que el gran pensador y filósofo griego Aristóteles recomendó como receta para un "estado estable" el que "todos los ciudadanos debían ser igual ante la ley". Israel, como otros países democráticos, incluyó los derechos básicos del ser humano y del ciudadano en su carta fundacional de 1948, en una clara muestra de su vocación humanista y de su compromiso con esos derechos inherentes. Detrás de ese compromiso se escondía el sufrimiento de los judíos a lo largo de siglos en los países de Europa, Asia y del mundo árabe, en los que habían sido despojados de todo derecho o de parte de ellos. Vivir en la discriminación no era algo ajeno a un pueblo que, en muchos casos, encontró precisamente en América un refugio en el que poder practicar su culto sin sufrir el castigo de las autoridades y de la población general.

No es de extrañar por tanto que fueran juristas judíos los que impulsaron de forma decisiva el derecho humanitario a mediados del siglo XX, y que gran parte de las leyes aprobadas por la comunidad internacional, y refrendadas por los parlamentos de las democracias occidentales, se originen en los procesos de Núremberg contra los jerarcas nazis. Porque fue el genocidio del pueblo judío el que convenció a estas sociedades de la imperiosa necesidad de dotar a sus ciudadanos de derechos inherentes y transnacionales que fueran aceptados por todos independientemente de los atributos y de las normas existentes en cada lugar.

La Declaración de Independencia leída el 14 de mayo de 1948 por el padre fundador de Israel y su primer jefe de gobierno, David Ben Gurión, establecía en ese sentido que "el Estado de Israel estará basado en los principios de libertad, justicia y paz, a la luz de las enseñanzas de los profetas de Israel; asegurará la completa igualdad de derechos políticos y sociales a todos sus habitantes sin diferencia de credo, raza o sexo; garantizará libertad de culto, conciencia, idioma, educación y cultura; salvaguardará los Lugares Santos de todas las religiones; y será fiel a los principios de la Carta de las Naciones Unidas". Estos principios fundacionales fueron apuntalados posteriormente por sucesivas leyes aprobadas por el Poder Legislativo y, ya en la pasada década de los noventa, por las Leyes Fundamentales del Estado de Israel, su proto-constitución. Garantizan los derechos y libertades de todos sus ciudadanos, entre ellos la libertad de expresión, asociación, prensa y credo; el derecho a la igualdad sin discriminación por religión, raza, nacionalidad, sexo, edad, orientación sexual o incapacidad física; y el derecho a la dignidad humana, intimidad e igualdad ante la ley. En materia social establecen para cada uno de sus ciudadanos el derecho a un nivel de vida digno, educación, vivienda y acceso a servicios de salud, trabajo y cultura, en un afán de resaltar que la naturaleza del Estado es la de servir a sus ciudadanos y no a la inversa.

Todos estos derechos y libertades se ven con frecuencia analizados a fondo y reinterpretados por las más altas instancias judiciales a petición de los grupos de interés (popularmente llamados "lobbies"), ONGs y formaciones políticas que defienden su aplicación a ultranza, a pesar de que, en la sociedad israelí, de tanto en tanto, las situaciones de emergencia nacional por motivos de seguridad obligan a su suspensión temporal. Un claro ejemplo son las "leyes de emergencia", entre ellas la de "Censura Militar" que prohíbe la publicación de imágenes o datos sobre blancos alcanzados por el enemigo en momentos de guerra. En términos generales su único fin es dificultar la puntería al enemigo, más que mitigar la libertad de expresión. Se trata de una consecuencia de la era de Internet, que ha acabado por invalidar la efectividad de todas estas leyes. La Segunda Guerra del Líbano de 2006 puso de manifiesto para Israel que es casi imposible impedir la publicación de fotografías o datos en la red, no ya por los medios de comunicación sino por los propios ciudadanos.

Facebook, Twitter o cualquier otro foro social son hoy fuentes de información contra los que la Censura Militar no tiene ninguna herramienta efectiva, y la única posible -cerrar o restringir el acceso a servidores- constituiría una flagrante violación de los derechos básicos del ciudadano.

Otra restricción en Israel es la de no publicar en los medios de comunicación nombres de víctimas de atentados u operaciones militares antes de informar a la familia de la pérdida del ser querido. Un principio básico de humanidad fácilmente entendible en defensa del bien común.

Un caso excepcional, que viene sin duda marcado por las extraordinarias circunstancias que vive el país desde su fundación, es la aplicación de "métodos extraordinarios de interrogatorio" a un sospechoso de terrorismo, lo que grupos proderecho humanos suelen calificar como "tortura". La cruda realidad israelí en general, y más en particular durante los períodos 1994-1996 y 2000-2002, con cruentos atentados suicidas cometidos por terroristas palestinos en las calles israelíes casi a diario[4], materializó la necesidad de acciones preventivas urgentes para salvar vidas. A menudo, los servicios de seguridad

---

[4] En 1993 los islamistas palestinos comenzaron a utilizar la inmolación como estrategia terrorista contra Israel, primero contra blancos militares en la franja de Gaza y, un año después, contra blancos civiles dentro de las ciudades israelíes. El período 1994-1996 coincidió con la negociación e implementación de los sucesivos acuerdos del Proceso de Paz de Oslo, al que los extremistas islámicos de los movimientos Hamás y Yihad Islámica aún se oponen.

El colapso del proceso de Oslo en 2000 dio rienda suelta a una violencia desenfrenada y, en los casi cinco años que duró la Intifada de Al-Aqsa, Israel conoció la peor ola terrorista de toda su historia, con el asesinato unas 1.500 personas y más de 6.000 heridos. Los ataques incluyeron hombres-bomba, cohetes y tiroteos contra ciudades, conductores y viandantes, apuñalamientos, incendios deliberados, y hasta atentados con excavadoras.

Sólo a partir de 2003, gracias a una masiva acción de prevención de los servicios de seguridad de Israel, se produjo una reducción progresiva en los ataques. Para más información sobre estos atentados ver la página del Ministerio de Exteriores de Israel www.mfa.gov.il.

interior *Shabak*, o incluso la Policía, recibían información fidedigna sobre algún atentado inminente y el nombre de la persona que enviaba a su destino al terrorista suicida cargado de explosivos o de otros sospechosos con información vital. La urgencia en frustrar sangrientos atentados exigía detalles de cuándo y dónde iban a ser perpetrados, información que los sospechosos arrestados tenían en su poder y, por supuesto, no compartían voluntariamente. Dos sentencias en 1996 y 1999 de la Alta Corte de Justicia sentaron las bases de este tipo de interrogatorios. Pero mientras la primera toleró la aplicación de "medidas moderadas de presión física y psicológica" para lo que el argot profesional israelí denomina una "bomba andante" (un terrorista que ya está camino de su objetivo), la de 1999 restringía severamente el uso de estas técnicas y las sometía a la aprobación de una autoridad civil del Ministerio Fiscal. "En la democracia -escribió el entonces presidente de la Alta Corte de Justicia, Aarón Barak- no están permitidos todos los medios ni todos los métodos que emplean sus enemigos". En un ejemplo de determinación sobre su nueva postura, los jueces se pronunciaron sobre el tema al día siguiente de las explosiones de dos coches-bomba en las ciudades de Haifa y Tiberíades. "Este fallo no facilita" el dilema al que se ven expuestos los agentes de los organismos de seguridad en "la difícil realidad que vive Israel", reconocieron nueve jueces supremos, pero "este es el destino de una democracia".

Un año después estallaría la sangrienta Intifada de Al-Aqsa y las peticiones al Ministerio Fiscal y al poder judicial para aplicar "medidas extraordinarias de presión" a un sospechoso se multiplicaron al mismo ritmo que los atentados terroristas. Según un informe de la organización de derechos humanos *"Betselem"* (A imagen y semejanza), más de sesenta peticiones fueron cursadas desde el dictamen judicial hasta mediados de 2002, cuando Israel comenzó a doblegar al terrorismo palestino y la curva de muertos y heridos se fue inclinando progresivamente hacia abajo. El juez Barak, que durante sus once años (1995-2006) al frente del Tribunal Supremo de Israel imprimió una huella sin precedentes en materia de derechos humanos, describió en uno de sus últimos actos públicos la que, a su parecer, debía ser la naturaleza de la democracia israelí: "El Gobierno y el Ejército se especializan en asuntos de seguridad pero nosotros, los jueces de Israel, debemos establecer un equilibrio entre la seguridad y (el respeto a) la libertad (...) Israel está en medio de una dura batalla contra el terrorismo y aunque los jueces son los que deben ponderar las necesidades de seguridad, también deben garantizar que los derechos del individuo no sean trasgredidos en la búsqueda de una información (...) Particularmente ahora, cuando los cañones truenan, es importante que sepamos cuál es el (verdadero) objetivo por el que estamos luchando": la democracia.

Una democracia, la israelí, que como otras occidentales desde los atentados del 11-S, y de acuerdo a sus circunstancias particulares, debe pulir aún esa fórmula mágica que consiga preservar los valores y libertades que garantizan sus ideales más básicos y, a la vez, proteger a su población y a la democracia misma de aquellos que buscan su destrucción[5]. No es labor fácil y, mucho menos, en momentos en que la crisis económica mundial y la Primavera Árabe consiguen sacar a la calle a millones de personas a exigir sus derechos por vías en muchos casos ilegales pero que la opinión pública las ha tolerado.

---

[5] El concepto de "Defensive Democracy" (Democracia defensiva) se remonta a hace más de medio siglo en la filosofía política, pero ganó considerable peso a raíz de las limitaciones a los derechos y libertades que introdujo Estados Unidos después de los atentados del 11-S en 2001. Estas limitaciones, consideradas antidemocráticas por los constitucionalistas a ultranza y grupos de izquierda, están destinadas a defender las instituciones democráticas de todo tipo de personas y grupos que aprovechan las libertades y derechos más básicos para atacarlas y eventualmente destruirlas. Por su peculiar historia, Alemania contempla este tipo de limitaciones desde los años sesenta del siglo XX. En el caso de Israel se prohibió la actividad de un partido racista en los ochenta y el poder judicial da prioridad a los intereses de seguridad sobre los derechos individuales en casos muy particulares para prevenir atentados.

La Policía y los derechos humanos

En el frágil equilibrio entre una democracia cuanto más libre posible y una democracia defensiva, juegan un papel decisivo todos los poderes del Estado y, dentro de estos, las instituciones que apoyan su funcionamiento y se encargan del cumplimiento de las leyes y el mantenimiento del orden público. La Policía es por lo tanto una de las principales herramientas que el Estado tiene a su disposición para ese objetivo, y la israelí no es ninguna excepción en todos los sentidos mencionados. La obligación de los agentes policiales israelíes de cumplir con estas funciones está enmarcada en la legislación nacional y en la obligación de hacerlo en el más absoluto respeto de los derechos fundamentales del hombre y el compromiso con los derechos humanos sin distinción alguna de sexo, raza o credo. Aquellas funciones policiales que puedan causar daño a estos derechos y garantías[6] -como a menudo ocurre cuando la protección de los derechos de una persona implica la violación de los de los demás- la ley israelí exige como norma la autorización del Poder Judicial.

Una circunstancia que viene a delimitar los poderes circunscriptos a la Autoridad Policial en cualquier régimen, y que, aunque concedidos por ley -como los de detener, retener, hacer uso de la fuerza, etc.- deben ser traducidos en todo momento a los valores sobre los que se funda la sociedad. En el caso israelí, las garantías individuales y civiles están arraigadas de tal manera que obligan a una persistente profesionalidad y clarividencia por parte del agente en la

---

[6] Un ejemplo fácil de entender se suele dar en las manifestaciones y protestas populares, es decir entre la libertad de manifestar y la libertad de circular. Mientras los unos tienen garantizado la libertad de expresión y asociación como para cortar el tránsito en una carretera, los otros apelarán a su derecho a circular libremente sin que se les moleste. El objetivo de la Policía en este caso será reducir al mínimo el daño a las libertades básicas de los dos grupos, si es necesario mediante la intervención del poder judicial para que expida las autorizaciones pertinentes y provea vías alternativas de circulación.

aplicación de la ley, con el fin de minimizar cualquier daño a la dignidad humana y las libertades fundamentales. En todo momento, el policía se ve obligado a proteger los derechos humanos sin prejuicios y con la tolerancia y respeto requeridos hacia los demás. Esto incluye a infractores, delincuentes y criminales de cualquier tipo. En cualquier caso, y dentro del compromiso inherente de la Policía de Israel con las reglas del juego democrático y el respeto incondicional a los derechos humanos, el agente debe tener presente en todo momento que es un "servidor" del pueblo y no su "amo". El pueblo, por su parte, debe ver en el agente un "servidor" y no un "sirviente".

3. La Policía de Israel
Historia, estructura y objetivos

En 15 de mayo de 1948, con la retirada de las últimas fuerzas británicas del puerto de Haifa y el final, oficialmente, del Mandato Británico en Palestina, las autoridades judías de la época se lanzaron de inmediato a la construcción de las instituciones de gobierno necesarias para regir los destinos del recién creado Estado de Israel. Hasta ese momento, y con breves excepciones, la autoridad en la zona había recaído en todo momento en la potencia ocupante de turno: desde el siglo XV había sido el Imperio Otomano y desde 1917 el Imperio Británico. La circunstancia en la que se vio el liderazgo judío de la época no fue tarea fácil. Por primera vez tenía que decidir libremente y gobernar a una población de poco más de medio millón de habitantes, todo ello en medio de una guerra con la población árabe local y los ejércitos de siete países vecinos que invadieron al recién creado Estado de Israel el mismo día que se fueron los británicos.

La autoridad política pasó de forma automática del Alto Comisionado Británico a manos del Consejo Interino del Estado de Israel, un germen del que hoy es el Parlamento o *Knesset*. Y basándose en las mismas disposiciones legales del Gobierno Colonial Británico, la autoridad de la Policía Mandataria pasó a la recién formada "Policía de Israel", en hebreo *"Mishteret Israel"*. Su proceso de gestación, como el de todos los demás organismos de seguridad, fue acelerado porque bajo el Mandato la única autoridad en este campo era exclusivamente de Gran Bretaña.

Una policía con jurisdicción nacional

Ya entonces, por el reducido tamaño del país y sus anormales necesidades de seguridad, sus primeros responsables decidieron que la Policía de Israel sería un cuerpo de alcance "nacional", es decir, que todo agente tendría autoridad en la globalidad del territorio israelí y que no habría ningún otro cuerpo de policía regional o municipal ni otro de alcance funcional para determinadas misiones o comunidades. Todo estaría bajo el mismo paraguas.

En las primeras dos décadas de vida como estado, las ordenanzas que guiaron a la Policía de Israel fueron las mismas o parecidas que durante el Mandato Británico, pero en 1971 se aprobó una nueva ordenanza que, de acuerdo a su Artículo 3, define desde entonces las cinco funciones básicas de la labor policial en Israel:

- La prevención de delitos e investigación de los que se cometan hasta dar con sus autores.
- El arresto de delincuentes para su procesamiento judicial.
- Velar por la seguridad de los presos.
- Garantizar el orden público.
- Salvaguardar la integridad física del ciudadano y los bienes públicos y privados.

Más adelante en el texto, la Ordenanza especifica que la Policía podrá actuar como parte demandante cuando considere que se ha cometido un delito, y podrá abrir una investigación incluso en aquellos casos en los que no tercie denuncia ciudadana. Se trata de una decisión vital para la ejecución de la labor policial si se tiene en cuenta que los porcentajes de denuncia suelen ser bajos en numerosos casos penales en las áreas de las drogas, violencia de género y doméstica, prostitución y extorsión.

Para el agente policial, la Ordenanza prescribe una disposición de funcionalidad permanente (24 horas / 365 días al año) con jurisdicción en todo el territorio nacional sin excepción. En su Artículo 5 establece las misiones que deberá cumplir:

- Mantenimiento del orden en las vías públicas, calles, andenes, aeropuertos, puertos, ríos, lagos y cualquier otro lugar de acceso público.

- Prevención de desórdenes y alborotos durante la agrupación o asociación de personas en la vía pública, alrededor de templos y/o lugares de oración, así como en carreteras, calles, pasajes, muelles o atracaderos que puedan llegar a quedar congestionados o bloqueados.

- Actuación inmediata frente a delitos cometidos en caminos, carreteras, calles y cualquier otro lugar público.

- Hacerse cargo de la propiedad abandonada y custodiarla según las disposiciones legales y hasta que sea demandada por su propietario.

- La detención de cualquier individuo que, bajo una sospecha razonable, pueda estar en posesión o trasladando bienes robados o de tenencia ilegal. El policía podrá, en caso de sospecha razonable, hacer una revisión de sus pertenencias y efectuar un chequeo corporal.

Policía tradicional o clásica

Las atribuciones y funciones especificadas en la Ordenanza de 1971, tanto para el cuerpo policial como para el agente, responden al modelo de lo que podríamos llamar la "Policía tradicional", es decir, un organismo reactivo que pone en funcionamiento sus mecanismos en respuesta a las actividades delictivas iniciadas o cometidas por el ciudadano, y que tiene como principal misión la de resguardar y proteger a la comunidad de los infractores de esas mismas leyes que, en un principio, debían haberla protegido. Por su propia naturaleza, y con contadas excepciones[7], el agente policial sólo se aproximará al ciudadano cuando éste haya cometido supuestamente una infracción, violado la ley o sido la víctima de un acto delictivo, circunstancias todas ellas que *a priori* convierten el encuentro entre el policía y el ciudadano en una experiencia de tintes negativos. Cuanto menos, el temor, la sospecha y la desconfianza mutua no estarán ausentes del encuentro.

Si a ello le agregamos que la Policía, por estar supeditada al Poder Ejecutivo, tiene la capacidad y obligación de aplicar medidas de fuerza -desde el mero llamamiento verbal al orden, hasta la detención del trasgresor-, y que en otros casos dispone de la opción sancionadora -apelable ante el poder judicial, pero en el momento de su imposición igualmente sancionadora-, el encuentro entre el policía tradicional y el ciudadano de a pie está destinado al terreno de la tensión, al de una experiencia poco agradable. Y no es de extrañar si se tiene en cuenta que la acción policial reactiva supone en la práctica una restricción y, en el peor de los casos, una anulación temporal de los derechos básicos del individuo como ser humano y ciudadano. No hay que olvidar que el mero hecho de que un policía se dirija a un civil en medio de la calle para pedirle su tarjeta de identificación como sospechoso de cualquier acción delictiva representa a todos los efectos una restricción a sus libertades. Durante esos breves segundos de interrogatorio estará retenido por una autoridad competente sin la posibilidad de negarse a

---

[7] Uno de estos casos puede ser una revisión preventiva en carretera a un conductor por parte de los agentes de tránsito, en la que no ha terciado infracción, pero con la que se desea concienciar al ciudadano y alentarle a seguir las normas y conductas apropiadas.

responder y seguir tranquilamente su camino -si lo hiciera sería conducido probablemente a una comisaría en condiciones de arresto-. Y al responder a las preguntas del agente estará cediendo sus derechos al silencio y a la privacidad, y quedará a disposición de las órdenes legales del policía hasta que éste le devuelva su libertad de forma íntegra permitiéndole marchar. Para un agente se trata de una mera cuestión de forma, un procedimiento aprendido en la academia para cumplir correctamente su trabajo. Para un civil, sin embargo, todas estas restricciones pueden llegar a suponer una seria violación de sus derechos si las razones de la retención no las ve justificadas, como ocurre en la mayoría de los casos.

Es decir que la ejemplificación de lo que para el ciudadano puede llegar a representar la actividad policial legítima no necesita llegar a los extremos más indeseables, como el de que un agente se exceda en sus funciones y autoridad y viole él mismo la ley en el trato dispensado al civil. Se trataría en este caso de una infracción penalizada por ley, la misma que le garantiza al ciudadano sus derechos y libertades más básicas. Y, aun así, es importante recordar que en la mayoría de los casos el civil puede llegar a confundir una intervención policial de acuerdo a la ley con una intromisión indeseada en sus asuntos o una violación de sus derechos.

Distribución de fuerzas y recursos humanos

Constituida como cuerpo con jurisdicción nacional, en la Policía de Israel prestan servicio actualmente unos 35.000 agentes, distribuidos por todo el país y con diferentes funciones. En promedio nacional se trata de un policía por cada 221 habitantes, aunque como en cualquier otra institución pública la concentración de fuerzas responde a factores objetivamente profesionales y no geográficos. Las zonas más "calientes" desde el punto de vista delictivo, o susceptibles de violencia, dispondrán efectivamente de mayores recursos humanos.

Y aunque consolidada en un único cuerpo a escala nacional, con una sola autoridad en la figura de su Comisario en Jefe (en su popular acrónimo hebreo *"Mafkál"*), la Policía de Israel consta de dos subdivisiones operativas claramente diferenciables por el uniforme que visten: la policía "azul", con unos 27.000 hombres, y la policía "verde", con unos 8.000, según los últimos datos oficiales. Las dos cumplen las mismas funciones de verificar el cumplimiento de las leyes, garantizar la seguridad del ciudadano y velar por el orden público y los bienes materiales, sean públicos o privados. La única diferencia es que, en la segunda, como su nombre lo indica claramente, tiene atribuciones de Policía de Fronteras.

Para acceder a cualquiera de las dos ramas de la Policía se requiere del candidato una capacidad física y formación académica que varían de acuerdo a la opción que elija el candidato, pero que en todo momento garantizan el acceso de que cualquier ciudadano israelí sin distinción de raza, sexo o credo. Tras su admisión, el cadete pasará un período de formación en la academia en el que se le inculcarán las leyes y especialidades, según su misión y destino, y un período de formación práctica en el terreno para aplicar las teorías aprendidas en la Academia. Su paso por los distintos departamentos dependerá de la especialización elegida y su ascenso de exámenes semestrales de preparación física, ejercicio profesional, evaluación psicológica y valoración personal de sus compañeros de grupo, antigüedad, y la recomendación de su jefe más directo.

Una dimensión menos conocida de la Policía israelí, pero no por ello menos importante en su contribución diaria al orden público y a la seguridad ciudadana, son los 50.000 voluntarios civiles que refuerzan de forma decisiva a los 35.000 agentes de carrera. En total, la disponibilidad de recursos humanos para situaciones extremas se dispara a 85.000 efectivos, muy por encima del promedio mundial de 3,57 policías por cada 1.000 habitantes que tiene registrado la ONU. Sólo teniendo en cuenta a los agentes uniformados (los agentes "azules" y "verdes"), el promedio israelí se situaría en torno a los 4,52 por cada 1.000 habitantes. Con los voluntarios, a los que este libro dedica parte de su temario, superaría los 11.

Estructura geográfica y orgánica

Dos divisiones básicas a nivel operativo guían la estructuración de la Policía de Israel en todas sus jerarquías: la **Jefatura de Mando**, que está a cargo de todas las funciones de mando, coordinación, creación de esquemas de trabajo y logística; y la **Jefatura Territorial**, que está a cargo del trabajo operativo en el distrito bajo su jurisdicción.

Por su reducido tamaño, Israel está dividido en sólo siete distritos policiales: Norte, Costa, Centro, Tel Aviv Metropolitana, Jerusalén, Judea-Samaria y Sur. El más grande en superficie es el Distrito Sur, que se extiende por todo el desierto del Négev, pero los más importantes son por este orden: Jerusalén, de gran significado y sensibilidad política; y Tel Aviv, por la diversidad de sus actividades como zona más poblada y rica (ver mapa en página siguiente).

Por su naturaleza geográfica y la complejidad de jurisdicciones en la zona, el distrito más especial es "Judea y Samaria", territorios comúnmente conocidos fuera de Israel como la "Margen Occidental" o "Cisjordania" y que, por los Acuerdos de Paz de Oslo, se encuentran a caballo entre la jurisdicción israelí y la palestina. La división de responsabilidades se aplica según esos acuerdos, de tal forma que la Policía palestina ejerce el control y la supervisión de la "Zona A" (exclusivo control de la Autoridad Palestina) y la israelí lo hace en las "B" y "C". La "Zona B" está descrita en los acuerdos de paz como aquellas de control compartido en las que los asuntos civiles recaen sobre las autoridades palestinas y los asuntos de seguridad sobre las israelíes. La "Zona C" se encuentra bajo control exclusivo israelí. La Policía de Israel, junto con el Ejército, también ejerce el control de todos los poblados israelíes en la zona.

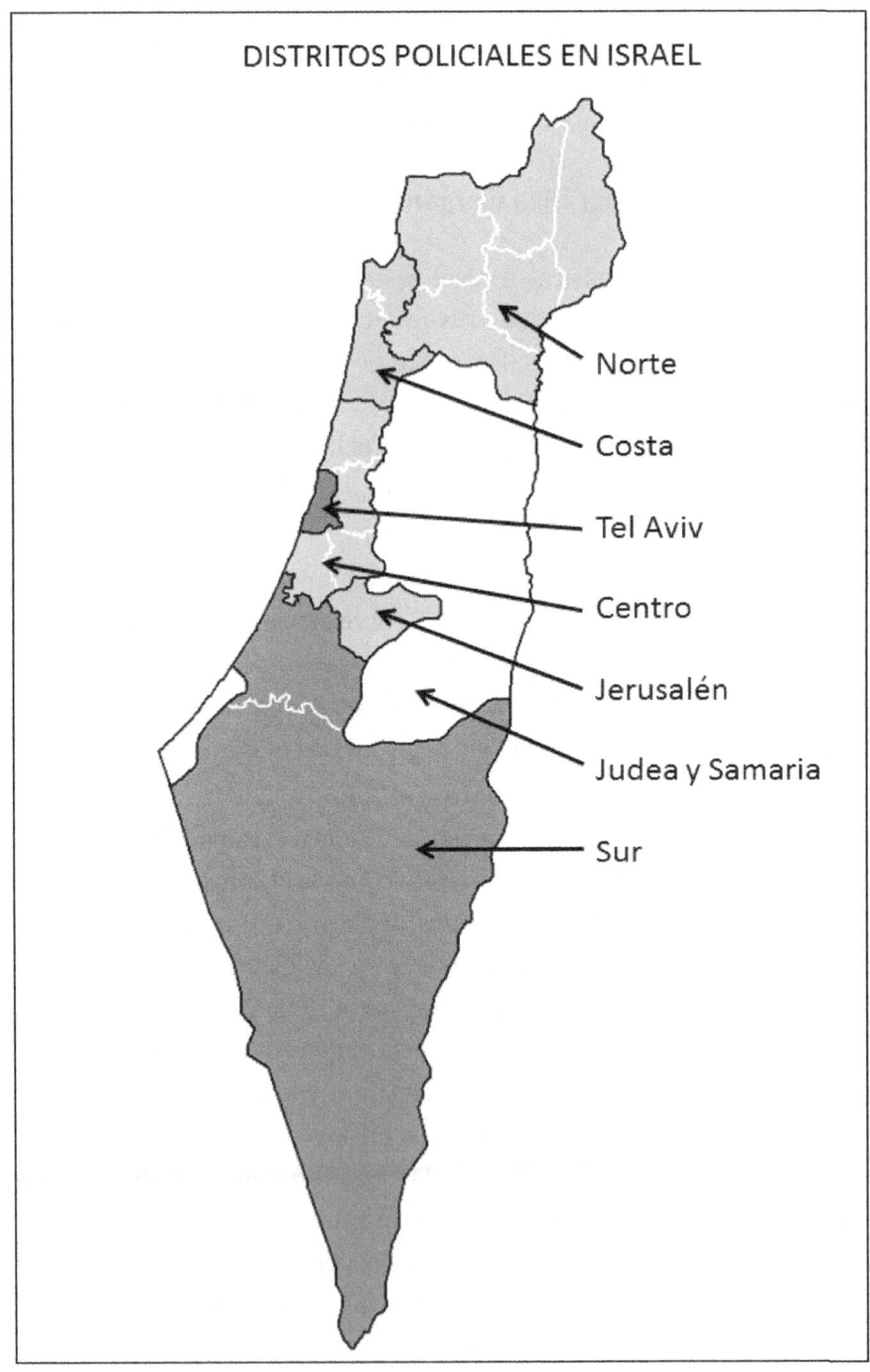

Todas las Jefaturas Territoriales responden a una comandancia general situada en Jerusalén y que encabeza el Comisario en Jefe de la Policía, el *"Mafkál"*, elegido por el gobierno cada cuatro años de las mismas filas policiales o de un organismo exterior. El siguiente gráfico describe la jerarquía organizativa desde la comandancia hasta los distritos.

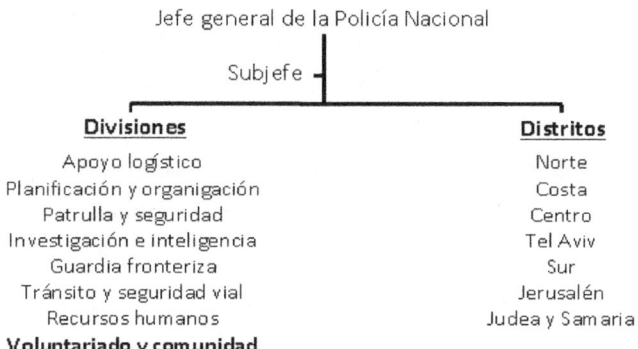

Estructura orgánica de la Policía de Israel

Esta estructura responde a la necesidad de cumplir con los objetivos policiales a través de los agentes y es, por definición, una estructura dinámica que responde a las distintas necesidades organizativas del cuerpo y, por supuesto, a la realidad delictiva y poblacional en cada sociedad. La **División de Voluntariado y Comunidad**, con sus Centros de Policía Comunitaria (CPC) distribuidos por todo el país, son el último eslabón frente a la sociedad, los llamados *"EndPoints"* (terminales), baluartes en los que la Policía se encuentra en su punto de mayor contacto con la población y en los que, por tanto, puede ofrecer al ciudadano una relación más personal e incluso afectiva.

A la distribución geográfica se suman en disposición lineal horizontal, dentro de la Comandancia General, siete divisiones operativas (ocho si se tiene en cuenta a la Policía de Fronteras) con atribuciones exclusivamente profesionales, cada una en un tipo de actividad y que tendrán a sus representantes en cada distrito regional:

1. **Patrullaje y seguridad**: el departamento trabaja con unidades móviles (coches, motos y helicópteros...) que están a cargo de la seguridad en los espacios públicos por todo el territorio nacional y colabora también en la lucha contra la inmigración ilegal.

2. **Operaciones especiales**: para asuntos de carácter nacional, eventos religiosos, acciones bélicas, desastres naturales etc.

3. **Tráfico**: con responsabilidades de rutina a través de los diferentes distritos como a la hora de planificar y seguir operaciones especiales de alcance nacional.

4. **Apoyo logístico**: supervisa y provee todo el equipo logístico que se requiera para posibilitar la actuación policial en todas sus divisiones.

5. **Recursos humanos**: administra y gestiona todos los aspectos relacionados con los efectivos al servicio de la Policía.

6. **Investigación e Inteligencia**: tiene atribuciones tanto a nivel nacional como internacional, y se encarga por tanto de la cooperación con los cuerpos policiales de otros países.

7. **Comunidad y Seguridad Comunitaria (Voluntariado)**: es la rama que más estrecha relación tiene con la población civil, tanto por los "MULTIPOLicía" desplegados en cada zona como por los vecinos voluntarios que operan bajo su tutela y viven el día a día de la sociedad como civiles.

Cada comandancia territorial, o centro de mando, está jerarquizada orgánicamente con un comandante, un subcomandante y un portavoz, una unidad de la división Planificación y Logística, y otra de la de Recursos Humanos. Y para el cumplimiento de la misión estrictamente policial tendrá a su disposición un grupo de trabajo de cada una de las divisiones operativas mencionadas anteriormente, según la siguiente ilustración:

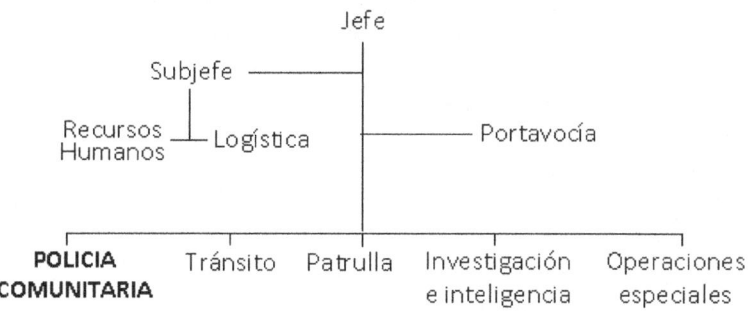

La División de Voluntariado y Comunidad

Objeto de este libro, la División de Voluntariado y Comunidad, según el nombre que recibe en Israel, es la que se encarga de ese tema genéricamente conocido por todo el mundo como "Policía comunitaria". Vago término que contempla una serie de actividades destinadas, en su esencia, a la prevención futura de delitos y que alienta al compromiso social como mejor vía para garantizar el orden público.

En todo el engranaje de la Policía "tradicional" o "clásica" de Israel, la División está al mismo nivel que el resto de unidades operativas que contribuyen tanto a las medidas reactivas ante los delitos cometidos, como a las procreativas y disuasorias para educar al ciudadano a preservar la ley y el orden. Pero, como se indicaba anteriormente, la gran diferencia entre todas ellas radica en la proyección de futuro de sus misiones. La "Policía comunitaria" es uno de los tentáculos más avanzados de la Policía en su contacto diario con la ciudadanía, y dado a su carácter constructivo se integra en la comunidad como parte de ella para, desde su corazón, generar cambios que en el futuro contribuyan a la seguridad ciudadana y la reducción de los índices de violencia.

4. La Policía comunitaria
Organización y objetivos

El concepto o idea de una Policía comunitaria no fue inventado ni mucho menos en Israel, Estado con una corta trayectoria de independencia política y que, como el resto de miembros de la comunidad de naciones, absorbe ideas, propuestas y soluciones de otros muchos países. Es cierto que en la milenaria historia del pueblo judío ya hubo esa figura que hoy conocemos como "policía comunitario". En la Introducción se mencionaba la orden impartida al bíblico Moisés para designar "jueces y policías en todos los portones" y se explicaba que a la noción bíblica del policía se le concedía el exclusivo propósito social de estar cerca del pueblo, sentir sus necesidades y ayudarle en su vida cotidiana. El mantenimiento del orden y la aplicación de leyes eran atribuciones de otras figuras.

Con ese contexto histórico a sus espaldas no es de extrañar que Israel rescatara al policía comunitario como una figura clave para toda su actividad preventiva, más aún cuando ya lo habían hecho con éxito otras naciones. El caso quizás más notorio es el de Japón que, inmediatamente después de la Segunda Guerra Mundial -conflagración que la dejó sumida en una profunda pobreza tras la derrota ante los aliados- tuvo que afrontar un período de gran inseguridad ciudadana. En esa coyuntura grupos de vecinos aunaron sus esfuerzos en patrullas para combatir el crimen. Desde entonces, el concepto ha evolucionado y sus agentes patrulleros se ocupan, entre otras funciones, de la de orientar al público. La de Singapur tiene una base estructural y conceptual como la de Japón. Su dedicación al ciudadano se inspira en un profundo respeto a las necesidades y derechos de la comunidad hasta el punto que su tratado de "servicio público" exige atender al menos el 90 por ciento de las llamadas telefónicas de emergencia en un máximo de 10 segundos y responder a quejas y denuncias en menos de 28 días. Aunque se trata de una versión moderna, en el Lejano Oriente el concepto de "policía comunitario" tampoco era nuevo. Hacía ya más de 2.500 años que la antigua China había vislumbrado la que debía ser la misión del policía y los objetivos de la Policía comunitaria. Lo hizo el filósofo chino Confucio, quien alentó a "trabajar en impedir delitos para no necesitar castigos".

En el mundo anglosajón se ha producido una evolución similar. Entre los componentes básicos de la estrategia de servicio de la Policía australiana están entre las primeras prioridades las del bienestar comunitario, la construcción de lazos de confianza con la comunidad y la creación de fórmulas conjuntas de trabajo con ella. Particular mención merece la Policía de Sídney que en los últimos años ha dado un giro dramático hacia los principios de la Policía comunitaria. Otro país que ha recurrido a la combinación de las dos formas de policía es Canadá, en este caso porque la clásica no ha sido capaz de resolver el problema del crimen ni brindaba satisfactoriamente la percepción de seguridad ciudadana a la comunidad. En cierto momento, una reducción de sus presupuestos acabó decantando la balanza. Y en Inglaterra la policía se define intrínsecamente como parte de la comunidad, teniendo la función de mejorar la calidad de vida del ciudadano y la prevención de crímenes. En esta misión define claramente que sus "aliados" son "todas las fuerzas de la comunidad" en la que trabaja.

El caso de Israel

Como en los casos anteriores, las razones que llevaron a fundar en Israel un departamento de Policía comunitaria se sitúan en la mezcla de intereses organizativos, presupuestarios y funcionales. Por un lado, se buscaba un aprovechamiento más efectivo de los recursos humanos y materiales mediante la unificación de jefaturas. Por el otro, un terreno común de trabajo con la comunidad en el que el agente policial pudiera adentrarse y conducir a las fuerzas sociales y comunitarias en la dirección que necesitaba la Policía. Esta búsqueda dio lugar a finales de los años noventa del pasado siglo a unas fórmulas de trabajo a nivel de comunidad que llegaron a movilizar a decenas de miles de personas por todo el país con un presupuesto relativamente bajo, y que prestan valiosas funciones desde el mantenimiento diario del orden en circunstancias normales hasta la evacuación de víctimas en una posible coyuntura de guerra. La variedad de misiones oscila entre dos ejes: uno funcional de acuerdo a la coyuntura de cada comunidad y otro, de tiempo, definido por la necesidad de recursos en cualquier momento dado.

Las claves de cómo formar ese nuevo departamento policial y qué atribuciones concederle exactamente, las había dado una encuesta en 1998 a pedido del Ministerio de Seguridad Interior, de la que se desprendía una notoria falta de confianza de la ciudadanía hacia la Policía y la insatisfacción generalizada de la atención que ésta brindaba al público. Un año después, el Ministerio avanzó sobre la idea de una "Policía comunitaria" que quedó bajo el mando directo del Comandante en jefe de la Policía de Israel. La idea básica, más allá de un acercamiento a la ciudadanía, era "invertir" a un solo y único agente que, con funciones varias y estacionado permanentemente en distintas comunidades, ofreciera una respuesta rápida y eficaz a las necesidades más acuciantes de su comunidad. Fue el germen de la figura del "MULTIPOLicía".

En el terreno de los hechos, la así denominada "División de Voluntariado y Comunidad" (la misma a la que se hacía alusión a finales del capítulo anterior) tendría entre sus funciones el desarrollo de actividades conjuntas de la Policía comunitaria y la comunidad en la lucha contra la delincuencia, una misión en la que debería desarrollar las estrategias más diversas para alentar a la ciudadanía a repudiar el crimen y la violencia. Se trata de un objetivo en el que la coordinación y el trabajo diario son fundamentales para que toda la estructura funcione de forma eficaz en los momentos de mayor necesidad.

El engranaje que lo hace funcionar gira en Israel en torno a tres secciones o departamentos supeditados a la mencionada División:

1. **Policía comunitaria**: es el departamento que, dentro de la División, desarrolla las estrategias comunitarias y ayuda en su aplicación a los órganos civiles de la zona, en un proceso de gestación de alianzas entre ellos, la policía y la comunidad. Sus tentáculos son 360 Centros de Policía Comunitaria (CPC) distribuidos por todo el país.

2. **Sección de voluntarios**: es el órgano responsable profesionalmente de inspeccionar el enrolamiento de candidatos a la Seguridad Comunitaria, de capacitarlos, movilizarlos y preservarlos a lo largo del tiempo junto a la jefatura territorial.

3. **Coordinación de comunicación / Portavocía**: es una de las funciones clave entre todas las actividades de la Policía comunitaria ya que, por su naturaleza, la División de Voluntariado y Comunidad necesita un articulado canal de diálogo con la comunidad y la ininterrumpida difusión de material informativo a la población. No se trata pues de un portavoz en el sentido tradicional del concepto, es decir, para relacionarse únicamente con los medios de prensa. El

"portavoz" de la Policía comunitaria es mucho más que eso y su función será la de "administrar" información al público en las dosis y formas que se requieran, buscando los canales de comunicación de masas más apropiados y, entre ellos, los medios tradicionales y las más modernas redes sociales como Facebook o el sistema de mensajería instantánea Twitter. Se trata de eficaces sistemas de comunicación en constante evolución a los que la Policía comunitaria debe adaptarse. Otra de las funciones de esta sección es la organización de actos y eventos públicos que sirvan para estrechar la relación entre la policía y la comunidad, y que pueden incluir encuentros y exposiciones sobre equipos policiales, la articulación de conciertos de la orquesta o banda policial, la elaboración de materiales informativos y documentales, presentaciones multimedia, diseño e impresión de etiquetas y adhesivos de uso diverso, obsequios y, en general, todo tipo de material de difusión para concienciar e informar al gran público.

A grandes rasgos, la misión atribuida al nuevo cuerpo policial comunitario en Israel, consistía en:

- Crear alianzas entre la Policía y las autoridades comunitarias, representando a la comunidad dentro de la Policía y a la Policía dentro de la comunidad, de forma que las perspectivas de ambas se enriquezcan con la visión de la otra.

- Mejorar todos los servicios que la Policía brinda al ciudadano en el día a día, conociendo de cerca a los vecinos de un entorno dado y sus problemas.

- Brindar servicios policiales y comunitarios de una forma rápida, personal y efectiva.

- Mirar por el bien de la comunidad según sus propias prioridades y con planes de prevención para los distintos problemas y en los que se aliente la participación ciudadana.

- Fomentar a largo plazo un clima generalizado de seguridad en todo el vecindario.

Estructura, objetivos y funciones: los CPCs

Si desde la comandancia general en Jerusalén la División de Voluntariado y Comunidad se encarga de definir las líneas maestras y de coordinar toda la actividad de la Policía comunitaria en sus diferentes facetas y escalafones, en el terreno son los "Centro de Policía Comunitaria (CPC) y Coordinación de Voluntarios" los que fomentan el contacto con el público para ganarse su confianza. Lo hacen cuan tentáculos de un gran pulpo que abrazan desde el exterior a toda una comunidad y, a la vez, se fusionan con ella de tal manera que de la calle puedan emerger los voluntarios necesarios. La simbiosis queda en manos de unos centros que, hábilmente estructurados en cuatro niveles funcionales y jerárquicos, sólo incluyen la presencia física de uno o dos agentes profesionales.

ESTRUCTURA ORGÁNICA DEL CPC

La primera meta de la División de Voluntariado y Comunidad fue por tanto la búsqueda e instrucción de esos agentes que encabezarían los CPCs por todo el país, de forma que se convirtieran en una pequeña y eficaz unidad policial, profesionalmente hablando. Y lo que no es menos importante, que asumieran su nuevo rol como "agente policial comunitario" o "**MULTIPOL©**", función en la que se requiere una calidad y cualidades humanas tal vez no mejores, pero desde luego sí distintas, a las del policía clásico. Distintas porque la orientación de su trabajo diario frente al público es también diametralmente opuesta.

El CPC sólo dedica alrededor de un 15 por ciento de sus actividades a "funciones reactivas", es decir, en respuesta a actividades penales que le son impuestas de forma aleatoria, y por supuesto sin advertencia, por los infractores de la ley. El resto de su actividad se vuelca en la "función preventiva" del delito y de la violencia, y la lleva a cabo dentro de la comunidad pasando por todos los eslabones de ésta que así lo requiera su misión. Es por ello que gran parte de sus programas de prevención están orientados hacia los jóvenes y ponen en la práctica los estratos y mecanismos de prevención primaria y secundaria. Son programas de acción aplicados en los centros de educación formal (desde el jardín de infantes hasta el último año de secundaria) en los de educación informal como centros comunitarios, clubes o centros juveniles y en las calles tratando con jóvenes pandilleros, a pesar de que están incluidos dentro de la prevención terciaria.

Para ello es vital también que el "**MULTIPOL©**" unifique, coordine y movilice a todos los órganos comunitarios en su zona de actividad por medio de "alianzas", evitando la descentralización de recursos. Se trata éste de un fenómeno común en cualquier administración pública -y el Estado de Israel no es ajeno al problema- que se da cuando cada organismo actúa independientemente sin tener en cuenta la actividad o metas de otros en su mismo espectro profesional y entorno geográfico. En el mejor de los casos se trata de un simple solapamiento de funciones o rivalidad por la autoridad y, en el peor, del desconocimiento de algunos organismos públicos sobre el alcance, actividad y responsabilidad de los otros cuerpos de asistencia a la población. La creación de equipos mixtos de trabajo- integrados por personal tanto de la Policía como de organismos civiles-posibilita la conexión entre todos ellos en épocas de normalidad y ha facilitado, en tiempos de crisis o desastres, una respuesta apropiada a todo acontecimiento.

Otra función vital del "**MULTIPOL©**" es la de conseguir alistar a los vecinos en las labores que desarrolla como ayuda integral a su misión policial y en bien de toda la comunidad. Una vez identificados y alistados los voluntarios, el agente policial responsable del CPC forma con ellos unidades especializadas en todas las áreas que así lo requieran y en especial en la de prevención de delitos.

En resumen, la nueva figura del policía comunitario debe asemejarse a la de un "superpolicía" que la comunidad aprecie y respete. Una figura con el que se tenga la suficiente confianza como para depositar en él su seguridad personal y la de sus seres queridos. Pero sólo una actuación sinérgica de todos los elementos y organismos elevará los índices de prevención de delitos en todos sus aspectos, ayudando a crear un entorno social que se aparte de la violencia y neutralice la tolerancia que ciertas comunidades llegan a desarrollar hacia ésta. Sólo así crecerá de forma sistemática la sensación de seguridad de los vecinos de una comunidad.

Con todos estos elementos y objetivos en mente y en base a la experiencia de Israel, el proceso y estrategia que deben guiar la implementación de una "Policía comunitaria" efectiva se resumen en:

1. Apertura en los distintos barrios y comunidades que así lo requieran de una estación o Centro de la Policía Comunitaria (CPC).

2. Nombramiento de un agente policial versátil y que cumpla los requisitos personales y profesionales requeridos para que se haga cargo de engranar los mecanismos y dirigir el proceso de gestación, teniendo en cuenta que éste ha de tener una orientación comunitaria para poder ejercer la jefatura del centro.

3. Formación de patrullas de voluntarios enfocadas a resolver los problemas particulares de la comunidad en la que presta servicio. La

orientación de estas patrullas debe combinar dos enfoques. Por un lado, sellar alianzas con la comunidad para activar la acción preventiva y cuidar los recursos de su entorno, y por el otro, obrar para solucionar problemas que la comunidad vea como más preocupantes.

4. Establecimiento de lazos de diálogo y cooperación con el vecindario y los demás organismos comunitarios para mentalizarles de la necesidad de participar en la seguridad ciudadana. El grado de efectividad del CPC, y por ende la sensación de seguridad de los vecinos, es directamente proporcional al número de "aliados" entre los vecinos y las instituciones comunitarias.

5. Definición y elaboración de tácticas comunitarias de prevención de delito y violencia, y su aplicación en conjunto con todos los aliados a favor de la comunidad. Con este fin, habrá que identificar quiénes son los damnificados más inmediatos, es decir, los vecinos o grupos de vecinos que mayor riesgo corren, y también qué grupo exactamente representa la amenaza en cuestión.

6. Desarrollo y perfeccionamiento de la interacción, e incluso la forma de pensar y actuar, de la policía y de otros organismos civiles para detectar y solucionar de forma racional los problemas que aquejan a la comunidad, estimulando y poniendo en práctica soluciones que provengan de la comunidad misma.

En síntesis, toda la actividad de la Policía comunitaria gira en torno a la aplicación a un mismo tiempo de unos componentes sistémicos que ayudarán a combatir los fenómenos penales, y que consisten en: la evaluación de problemas a combatir, la supervisión y coordinación mutua de organismos públicos para no desperdiciar recursos, la aplicación de las leyes, la educación formal e informal como acción preventiva, la difusión de información y publicidad clara y honesta, y la programación de planes de trabajo para dificultar la labor al delincuente, infractor o cualquier otro que represente una amenaza para la comunidad.

5. MULTIPOL©:
Policía comunitario polivalente
Cualidades, formación y dotación

Ser agente de policía comunitario es básicamente ejercer al mismo tiempo de policía, agente social, líder comunitario y representante del vecino. Es por ello que las cualidades humanas requeridas para esta figura difieren sustancialmente de las que se necesitan para ser un policía clásico, y que la faceta humanista del candidato reciba un peso especial a la hora de seleccionar al personal.

En Israel, la licitación para la selección de candidatos reúne una serie de aspectos profesionales, humanos e intelectuales que no están al alcance de todos. Quizá por ello una de las condiciones básicas es tener acumulados seis años de servicio en la Policía con experiencia en varias de las divisiones operativas que implican contacto directo con la calle (patrullaje, investigación, inteligencia, etc.). Completan los requisitos una hoja de servicio intachable -con recomendaciones de superiores-, una fuerte dosis de honradez, dignidad y respeto al prójimo que hagan del agente un ejemplo a seguir, capacidad para organizar e implementar una agenda de trabajo independiente, y, lo que no es menos importante, disponibilidad para servir en una misma zona durante un mínimo de seis años. Se trata ésta última de una condición que, aunque en principio pudiera parecer banal, es imprescindible para gestar lazos de confianza con el vecindario y no provocar cambios de personal que desestabilicen las alianzas con los órganos comunitarios y vecinales.

En la faceta humana, se requieren cualidades como versatilidad, asertividad, seriedad, puntualidad, responsabilidad y honestidad, todas ellas vitales a la hora de ganarse el respeto de la población - particularmente de los adolescentes y jóvenes- y de aquellos voluntarios que sirvan a las órdenes del "**MULTIPOL©**". Es imprescindible recordar que este policía comunitario es la fuerza motriz de unos cambios que incluyen a miles de personas y que, como tal, actúa de puente. Enlace para, por un lado, salvar las diferencias entre cada una de ellas y, por el otro, entre el conjunto de ellas -la comunidad- y los estamentos superiores y organismos oficiales. Dotes innatas de comunicación interpersonal son igualmente fundamentales.

Las cualidades humanas y la experiencia policial deberán ir acompañadas asimismo de una formación intelectual superior al promedio que suele haber en las filas de cualquier cuerpo de policía y estar potenciadas por una licenciatura universitaria básica, preferiblemente en Ciencias Humanas. Reforzadas por la voluntad de participar permanentemente en cursos de capacitación profesional que completen los agujeros de conocimiento que le impongan la zona de servicio; conocimientos generales amplios y variados para estar a la altura de cualquier vecino; dominio de idiomas, condición que será ineludible si en la comunidad a la que se esté adscrito se habla algún dialecto local o indígena, o si proliferan inmigrantes; y, finalmente, una fuerte capacidad de expresión oral y escrita para poder transmitir, explicar e impartir órdenes en su trabajo diario.

La importancia y sensibilidad pública que Israel otorga al policía comunitario quedan patentes no sólo en los requisitos mencionados anteriormente sino también en el meticuloso proceso de selección y la intervención personal de altos mandos en las entrevistas a los candidatos. El panel que los examina lo constituyen jefes de las distintas ramas de la comisaría de la zona en la que el postulante aspira a desempeñarse y de las diversas divisiones funcionales: patrullaje, investigaciones, inteligencia, etc.

También se estimula la participación en el curso tanto de líderes comunitarios como representantes del vecindario para que luego trabajen conjuntamente con el "**MULTIPOL©**" en escuelas, juntas vecinales, centros comunitarios, clubes, sindicatos, etc. En cualquiera de los dos casos, y después de ser seleccionados, todos los candidatos deben pasar un curso especializado de tres meses sobre su nueva "profesión" -efectivamente, se debe hablar de una nueva actividad profesional-, en la creencia de que sin la formación adecuada el agente de policía sólo estaría cambiando de puesto de trabajo y seguiría aplicando la teoría, conceptos y prácticas de la policía clásica, lejos de los objetivos preventivos de la Policía comunitaria.

Programa de capacitación

El curso de especialización está destinado pues tanto a los agentes de policía seleccionados como a aquellos civiles que, al concluir su formación, trabajarán juntos en el terreno, convirtiéndose en aliados y socios a la hora de elaborar y aplicar todos los modelos y planes preventivos desde las municipalidades. La sección más inicial del curso consta de una descripción organizativa-funcional para concienciar a los alumnos de la intensa dinámica del proceso de formación y de lo que se espera de ellos: acciones básicas, explicaciones primarias, dinámica, formación de grupos de trabajo, reparto de funciones y cargos entre los propios alumnos, descripción del racional, objetivos y metas, y distribución de trabajos con reglas de tiempo.

La dinámica del curso gira en torno a clases teóricas y prácticas, visitas a un escenario piloto (Microzona), trabajos individuales y en grupo, elaboración de la carpeta de terreno (indispensable en el trabajo diario), y un proyecto final teórico por escrito y otro, esta vez práctico, en la Microzona de trabajo. Al finalizar el curso, los participantes deben presentar también un proyecto basado en los conocimientos adquiridos a efectos de encarar y proponer soluciones concretas en sus respectivas zonas de trabajo.

En descripción general la temática de la capacitación aborda asuntos muy dispares, pero todos relacionados y necesarios para el trabajo que tres meses después deberán ejecutar los participantes en su zona de acción:

- Comunicación interpersonal.
- Cultivo de la personalidad del postulante.
- Centro de comando, puesta en marcha y actividades.
- Modelos de prevención de violencia en la comunidad.
- Modelos de prevención de violencia juvenil.
- Policía comunitaria.
- Prensa y portavocía.
- Información operacional.
- Formación de líderes y agentes sociales.
- Alianzas.
- Vecinos voluntarios, etc.

Se trata de una temática amplia y variada que llevará a las aulas información general sobre la historia del cuerpo de la Policía en el que trabajan los alumnos y las leyes pertinentes para su desempeño como agentes policiales. Datos sobre la estructura orgánica de sus respectivos cuerpos, el respeto de los derechos humanos y la imagen que de la Policía tiene el gran público, con todos sus estereotipos y prejuicios.

Pero estará centrada irremediablemente en su actividad como "**MULTIPOL©**" o "policías comunitarios polivalente" y, por tanto, analizará desde cómo establecer alianzas de trabajo entre la policía y los dirigentes municipales -según fórmulas y enfoques necesariamente adaptables a la coyuntura de cada entorno local y nacional-, hasta la construcción de modelos comunitarios de prevención de violencia y crimen. Deberán aprender conceptos como "Barrio seguro" o "Comunidad segura", construir "Bancos de tiempo", "Centros de mando unificado y coordinación de recursos", "Patrulla de padres", y saber crear la unidad voluntaria de "Seguridad Comunitaria". En conjunto, todo el programa instruye al agente en cómo ser fiel representante de la comunidad en la Policía.

Por sus dificultades intrínsecas, el curso presta particular atención a todo lo relacionado con el voluntariado de vecinos, proyección ineludible para que la Policía comunitaria pueda tener éxito. De esta forma, aborda técnicas de captación, selección y preservación de voluntarios en su más amplia extensión y funcionalidad, así como su distribución en las distintas unidades de la "Seguridad Comunitaria"; analiza de forma minuciosa la creación de este cuerpo urbano y el papel que pueden desempeñar los jóvenes como voluntarios dentro y fuera de él.

Una vez completados los requisitos académicos del curso de capacitación, el agente policial comunitario dispone de los conocimientos y técnicas para ejercer esa nueva tarea profesional a la que dedicará los próximos años de su vida profesional, y en la que, como en cualquier otro trabajo, la rutina le inculcará de forma natural la información particular sobre el entorno o Microzona en la que trabaja y, sobre todo, las personas con las que habrá de colaborar.

Logística y equipos en el CPC

El capítulo anterior describía el organigrama de un CPC como un pequeño aparato jerárquico bien estructurado y con sus funciones repartidas entre una decena de cargos de los que sólo los dos primeros (a veces sólo el primero) son ocupados por policías de carrera. En cualquiera de los dos casos, y como cualquier otra dependencia policial, el jefe del CPC, es decir, el "**MULTIPOL©**", deberá contar con una logística y equipos que le permitan realizar su función con eficacia.

Siendo uno de los tentáculos más largos de la Policía en el terreno y el punto de mayor contacto con la ciudadanía, el policía comunitario debe estar en permanente comunicación con su comandancia territorial y, como cualquier patrulla de vigilancia, contar con un vehículo totalmente equipado que le traslade a cualquier escenario y dotado de una radio conectada a la red policial. Un teléfono celular policial con el que tener permanente acceso[8] a subordinados, vecinos y órganos competentes, completa el apartado de comunicaciones.

En el aparato de dependencias físicas será necesaria una oficina totalmente equipada para poder recibir al público y brindarle la atención necesaria de forma digna; para coordinar, reunir y distribuir a los voluntarios; para que actúe de centro logístico de todos los que forman el CPC y de los equipos a su disposición, y para servir de "Centro de mando unificado" en tiempos de crisis. Será, a los efectos barriales de la Microzona, una comisaría diminuta de bajo coste. Por su pequeño tamaño, en Israel se las conoce en el argot profesional como "End-Points" o "terminal" y no como comisaría.

No menos imprescindibles para la dotación de esa "estación", y del CPC en su función operativa, son los equipos antidisturbios y las

---

[8] En el argot anglosajón acceso o disponibilidad "24/7/365", es decir, las 24 horas del día, los 7 días de la semana, los 365 días del año.

armas reglamentarias de fuego. No hay que olvidar en ningún momento que el "**MULTIPOL©**" es en primer lugar un agente de policía en el sentido más estricto de la palabra y que, como tal, debe cumplir primordialmente funciones reactivas de acuerdo a la necesidad. Los equipos antidisturbios variarán de acuerdo al entorno en el que opera el CPC, las necesidades en el terreno y la frecuencia con la que son necesarios. Se trata en cualquier caso de equipos de intervención primaria y contención de pequeños grupos, herramientas básicas hasta la llegada de refuerzos desde la comisaría central del distrito.

Las armas de fuego merecen mención especial debido a las históricas circunstancias de conflicto a las que se enfrenta la sociedad israelí y la alta formación militar de la inmensa mayoría de sus ciudadanos[9], muchos de los cuales prestan servicio voluntario en la "Seguridad Comunitaria" a través de los CPCs. La proliferación de atentados terroristas en determinados momentos de la historia del país y la necesidad de una intervención urgente para neutralizar a posibles atacantes, alientan una política oficial de tenencia de armas mucho más tolerante que en otras sociedades europeas y latinoamericanas. La legislación israelí permite la tenencia de armas de fuego a policías y otros agentes del orden público, agentes privados de seguridad (no escasean en Israel), ex oficiales de las Fuerzas Armadas, y cualquier ciudadano que viva en zona de alto riesgo y pase los exámenes psicológicos y prácticas de tiro requeridos periódicamente. En total, el Ministerio de Seguridad Interior de Israel tenía registradas a

---

[9] Obligatoriamente todos los civiles israelíes prestan un servicio de entre 36 y 24 meses en el Ejército, dependiendo de si son hombre o mujer, respectivamente. Es un período en el que reciben adiestramiento en todo tipo de funciones y, entre ellas, en el manejo de armas de fuego. Se trata de una peculiaridad que no comparten otras sociedades occidentales por el mero hecho de no vivir en situación de conflicto. Los únicos que están exentos de este servicio en Israel son los miembros de la minoría árabe que, sin embargo, pueden presentarse voluntarios al servicio.

principios de 2011 unas 180.000 armas cortas y largas en poder de la población civil, de las que unas 10.000 correspondían a civiles en las llamadas "zonas de riesgo"[10].

Con esas estadísticas en mano no es de extrañar que muchos de los voluntarios israelíes que se alistan en la "Seguridad Comunitaria" tengan una de esas licencias, cuando lo normal en una sociedad democrática (excluyendo casos muy particulares como el de Estados Unidos, donde la tenencia de armas es un derecho constitucional imposible de enmendar por su significado histórico) es que no sea así. En su formato normal, la tenencia de armas de fuego debe estar reservada, única y exclusivamente, a los agentes policiales que encabezan el CPC. El voluntario siempre tendrá atribuciones de vigilancia y control, es decir preventivas, dejando a los profesionales de la ley los privilegios que les otorga su formación profesional como policías. Por esto, el resto del personal del CPC no debe disponer de ningún tipo de arma de fuego o blanca, entre otras razones porque la tenencia de estas armas por voluntarios puede tener un efecto contrario al deseado, que es el de pacificar una zona mediante medidas preventivas de carácter social y comunitario.

Operaciones de rutina del "MULTIPOL©"

Es indudable que el **"MULTIPOL©"** se deberá ocupar de la mayor parte de la labor policial en su jurisdicción tanto para justificar su trabajo frente a las autoridades policiales como para que el vecindario lo conozca y sepa que es a él a quién debe recurrir en busca de asistencia policial. La labor es ardua y continua. No tolera descansos. En su rutina laboral, está obligado a hacer cumplir las leyes de tránsito, responder a emergencias, brindar ayuda inmediata a heridos y

---

[10] "Colonos recibirán preferencia sobre otros civiles en la concesión de licencias de arma", diario Haaretz, 15 de abril de 2011.

accidentados, defender el Medio Ambiente de toda contaminación, sea física o acústica, buscar a personas desaparecidas y ofrecer ayuda anímica a sus familiares. Hay más. Como mediar en disputas vecinales, acordonar y reforzar líneas policiales en momentos de crisis o jornadas de ejercitación nacional de los servicios de emergencia, dedicar un tiempo considerable a reunirse con vecinos, agentes sociales y líderes comunitarios y dar conferencias de orientación preventiva en colegios, universidades, centros comunitarios y otras instituciones barriales.

Su actividad diaria dependerá en gran medida de la calidad del entorno -violento/pacífico- y de sus dimensiones geográficas y demográficas, no olvidando en ningún momento que el eje central de toda su actividad es la aplicación de iniciativas preventivas destinadas a reducir progresivamente el delito en la Microzona bajo su jurisdicción. Con esta proyección de futuro en mente, debe emprender iniciativas como las de escribir artículos en los periódicos locales; conceder entrevistas y participar en programas de medios de comunicación; programar operaciones especiales de acuerdo a los problemas en la zona; reclutar, adiestrar y movilizar a vecinos para que se presenten como voluntarios; y estar en contacto permanente con las autoridades de la Microzona, entre ellos líderes religiosos y municipales. Es también parte de su rutina proyectar cualquier plan o idea que contribuya en el futuro a fomentar un ambiente distendido y de calma en el vecindario, de forma que la percepción de seguridad se propague entre los vecinos.

Previsión del programa de trabajo

Para conseguirlo, es indudable que toda previsión de trabajo planificada a largo plazo ayuda a afrontar más eficazmente tanto los acontecimientos previstos como aquellos casuales que pueden llegar a ocurrir simultáneamente. Trabajar de forma ordenada conducirá a fomentar la participación de individuos y grupos gestando las alianzas de trabajo en la tarea del "**MULTIPOL©**" por parte de la jefatura policial y la comunidad. Tanto una como otra apreciarán una actualización progresiva y continua de los programas de acción en base a datos actualizados sobre sucesos en evolución o previstos. Trabajar de forma transparente y ordenada con todos los interlocutores contribuirá, como en casi cualquier otro ámbito profesional, a un eficaz desempeño de la labor policial comunitaria. En ese sentido, es recomendable la programación de planes de trabajo y elaboración de pronósticos a tres plazos: semanal, mensual y anual.

- **Proyección anual**: debe transmitir claramente -con la exactitud máxima que permitan las circunstancias- las intenciones generales e iniciativas a largo plazo, utilizando los eventos anuales conocidos del calendario como base primordial de la labor del agente: fiestas nacionales y religiosas, períodos estivales, inicio y finalización de ciclos lectivos, procesos electorales (si los hay) así como describir los modelos e intervenciones especiales que se requieran. La descripción escueta pero clara ayudará al lector del informe.

- **Proyección mensual**: incluye una previsión más detallada y precisa de la información enviada sobre el mes correspondiente en el informe anual, con las actividades fijadas para ese período, entre ellas reuniones, clases de estudio en cada semana del mes, los días de ausencia, y las intervenciones y operaciones especiales de ese mes.

- **Proyección semanal**: en este documento se indicarán todas las actividades y previsiones que aparecían en los programas anual y mensual, para incluir objetivos y acciones detallados por día y hora, y con la identidad de las personas que participan como interlocutores.

Con la excepción de los casos y escenarios imprevistos, todos los modelos que el policía comunitario suele poner en práctica son modelos periódicos o anuales -son las personas, y a veces las circunstancias, las que cambian-, con una fecha de comienzo y final claramente definidas. Al concluir cada una de las etapas, los modelos aplicados deberán ser "coronados" con una carátula que realce las metas conseguidas y que indique los lazos establecidos entre la policía y la comunidad. Es importante tener un registro de los logros alcanzados y objetivos conseguidos para más adelante poder recurrir a ellos a modo de punto de referencia para otras actividades y planes.

6. Centro de Policía Comunitaria
Funciones, ubicación y financiación

En capítulos anteriores se hacía referencia a la División de Voluntariado y Comunidad, ese departamento creado hace poco más de una década por la Policía de Israel para sacar adelante el proyecto de constitución de una Policía comunitaria. También eran descritas las tres subdivisiones operativas para comunicar e interactuar con la población: la Policía comunitaria, la Sección de voluntarios y la de Coordinación de comunicación y portavocía. Desde estas secciones se definen las estrategias y directrices generales, pero el contacto directo con la población recae en los 360 Centros de Policía Comunitaria (CPC), cada uno de esos *"End-Points"* (terminales) que se hayan distribuidos por todo el país.

Constituye el lugar más cerca del público al que llega la Policía y donde presta a la población la mayor variedad de servicios posibles. Es en ellos donde aspira también a mejorar su relación con el público, entre otras medidas, evitando las largas esperas para recibir servicio que son tan típicas en cualquier comisaría. Y es que, a diferencia de una comisaría local, y cuando las circunstancias lo permiten, la diferencia en el trato dispensado radica por ejemplo en la concertación de turnos, es decir, que el vecino contacta por teléfono con el policía comunitario y acuerda con él una cita de acuerdo con la agenda de ambos. En los casos de ancianos, madres con recién nacidos, minusválidos o discapacitados el "**MULTIPOL©**" se desplaza en persona al domicilio del denunciante o damnificado para prestarle en su propia casa el servicio requerido.

Fuera de las citas concertadas, el agente policial comunitario dispone de horarios de atención al público y, si por cualquier circunstancia no pudiera estar presente, debe ser reemplazado por el segundo agente de carrera en el organigrama del CPC, el coordinador de voluntarios, o por un vecino voluntario adecuadamente formado como staff permanente. En cualquier circunstancia el centro debe permanecer abierto en los horarios fijados y, si es posible, más aún.

La ayuda a los grupos sociales con necesidades especiales y el trabajo con jóvenes para la prevención de violencia son otros dos de los campos más útiles de la Policía comunitaria y del CPC, que entre sus servicios puede llegar a convocar patrullas de vigilancia escolar, de paso de peatones, de protección del medioambiente o planificar modelos a largo plazo para fortalecer las estructuras sociales en la Microzona. Más allá de la atención al público como en cualquier comisaría, los CPC concentran también una larga serie de servicios de alcance barrial, como, por ejemplo:

- Ofrece un lugar de recepción al público.
- Actúa de punto de encuentro con vecinos y representantes de la comunidad.
- Es lugar de concentración de fuerzas en días de operaciones especiales y ejercicios nacionales.
- Es base de actividades y adiestramiento a los vecinos voluntarios.
- Ofrece un local para la sesión informativa antes de patrullar, y

- Se convierte en "Centro de mando unificado" en momentos de emergencia y desastres naturales.

De todas las funciones descritas, merece mención especial la última de ellas: el Centro de Mando Unificado (CMU) y Operaciones Conjuntas, una de las más importantes que lleva a cabo el CPC en momentos de crisis por desastre natural (terremotos, inundaciones, huracanes, etc..), y tiempos de emergencia para la seguridad nacional.

En circunstancias adversas como las descritas, los gobiernos nacionales y organismos de emergencia y seguridad suelen tardar en reaccionar para enviar la ayuda adecuada a las zonas afectadas en los momentos iniciales, por lo que el CMU se convierte en órgano vital para la seguridad ciudadana. A él recurren los vecinos en busca de ayuda inmediata y también las autoridades nacionales en busca de la última evaluación de daños y asistencia a la hora de focalizar los esfuerzos de rescate. Por consiguiente, lo ideal es que cada Microzona tenga su propio Centro de Mando Unificado y que éste tenga la capacidad de funcionar independientemente en momentos de desastres o cuando las circunstancias lo requieran.

Las pautas de funcionamiento de cualquier CMU son precisas, pero a la vez versátiles y en cualquier caso su principal misión será la de actuar como centro de coordinación. En él debe recaer la máxima autoridad de la zona mientras el resto de fuerzas que actúan en el terreno están supeditadas a ella sin necesidad de comunicación o coordinación previa con los centros nacionales de sus respectivos cuerpos. Es decir, que el CMU, sin desconectarse de la cadena de mando nacional, debe contar con la suficiente autonomía y recursos humanos como para afrontar las primeras medidas de emergencia.

Por su conocimiento de la zona y de los mecanismos policiales y de emergencia, el puesto de mando del CMU lo encabeza el director de la comunidad, acompañado por el "**MULTIPOL©**" adscrito a la Microzona, los jefes locales de otros cuerpos de salvamento y rescate, representantes de organismos comunitarios, y finalmente de los vecinos voluntarios, estos últimos como tentáculos de contacto directo con la calle. El policía comunitario tiene la responsabilidad de escribir y detallar de antemano todos los protocolos y órdenes operativas y de realizar ejercicios con todos los involucrados para que, cuando llegue el momento, el CMU funcione con la máxima exactitud y asuma con efectividad la misión de puesto avanzado de mando.

El equipamiento y mantenimiento de recursos materiales del CMU recae sobre la comunidad misma a través del Centro comunitario zonal, que para evitar daños a los equipos suministrados -o robo- debe preocuparse de que éstos permanezcan en todo momento bajo llave, estén limpios y listos para su uso. En caso de que los equipos tengan fecha de caducidad -como ocurre con el agua, los medicamentos y cualquier tipo de alimentos-, es necesario proceder a su reemplazo periódico frente a las autoridades locales competentes porque de otra manera cuando llegue el momento en que sean necesarios no podrán ser utilizados. Los equipos sólo serán extraídos de su lugar de almacenaje en ejercicios y maniobras o en caso de una emergencia y siempre con la autorización del jefe del CPC o del coordinador de voluntarios.

Proceso burocrático: requisitos y financiación

La apertura de un Centro de Policía Comunitaria (CPC) requiere un arduo trabajo logístico y burocrático que no siempre recibe la luz verde de todos los involucrados, bien por motivos económicos, falta de personal o incluso interés. Debido a su naturaleza comunitaria y a la necesidad de contar con la colaboración de los organismos locales y de voluntarios, el proceso se inicia naturalmente con un análisis objetivo de que el CPC es realmente necesario y de que, si puede aportar algo en la resolución de problemas que aquejan a la comunidad en cuestión, a la Microzona que estará bajo su jurisdicción. Por Microzona entendemos en este caso ciudades enteras, pueblos, barrios, centros de inmigrantes, centros comerciales, centros comunitarios, mercados, hospitales, o cualquier otro espacio geográfico o lugar conflictivo donde las necesidades requieran una permanente vigilancia y seguimiento de los fenómenos sociales que supongan una violación de las leyes, y en el que se puedan aplicar modelos de prevención de índole socio-comunitario.

Una vez tomada la decisión de que efectivamente la apertura de un CPC contribuirá a mejorar la seguridad ciudadana en ese entorno definido, el proceso burocrático prosigue de una manera ordenada por las instancias municipales y policiales relevantes. La primera fase comienza con la solicitud para la presencia de un **MULTIPOL**© por parte del vecindario y, a raíz de ésta, la posterior petición formal por parte de los líderes de la comunidad que los representan. Tras las consultas pertinentes, la alcaldía debe proveer las instalaciones físicas para albergar el CPC en la zona en cuestión y, paralelamente, la policía selecciona un agente adecuado, y con formación policial comunitaria, al que dotará de todos los equipos policiales requeridos (ver Cap. 5 - **MULTIPOL**©: Policía comunitario polivalente). Las partes deben después llegar a un acuerdo sobre la apertura del CPC y el agente dar su conformidad a un período de servicio de seis años en la Microzona, el mínimo como para llegar a comprender a la comunidad, ganarse su confianza y sacar adelante los primeros planes de prevención.

No menos importante son **los aspectos financieros** que permiten al CPC perseverar en sus actividades de rutina e iniciar todo tipo de ideas nuevas que exijan recursos materiales y/o humanos. En su financiación, participan a partes iguales la Policía y el órgano que representa a la comunidad (la Microzona puede ser un municipio en sí mismo). Los principales gastos consisten en los que genera el funcionamiento regular del lugar como base de voluntarios y centro policial, los de mantenimiento -electricidad, gas, teléfono, productos de limpieza, etc.-, los ocasionados por la dotación y mantenimiento de mobiliario y otros artículos de oficina perecederos, y el mantenimiento físico regular del inmueble. El presupuesto necesario para la activación del CPC variará considerablemente en función de los precios de todos estos servicios en el mercado local.

Ubicación óptima y dotación del CPC

Superados los procesos burocráticos de gestación y las garantías de financiación, la División de Voluntariado y Comunidad o su oficial delegado, deberán proceder a cartografiar la Microzona para conocer bien la distribución de fuerzas y tendencias sociales. Algunas recomendaciones para la ubicación del CPC que ayudan a su buen funcionamiento son:

1. **Equidistancia**: es preferible que el CPC se encuentre en el centro de la Microzona, a una distancia más o menos equidistante de cualquier punto dentro de ésta para que los desplazamientos en caso de emergencia sean cuanto más rápidos.

2. **Transporte público**: acceso a cuantas más líneas posibles de autobús, tren o cualquier otro medio de transporte público para facilidad de la comunidad en general, y de los voluntarios en particular.

3. **Estacionamiento:** debe tener espacio suficiente reservado para los vehículos policiales y, además, plazas para el público en una parcela adscrita al CPC o en el entorno callejero público.

4. **Acceso fácil:** como con cualquier otro centro de operaciones de los servicios de emergencia, el CPC debe ser accesible y, en la medida de lo posible, a ras de la superficie de la calle. Ello no sólo facilitará el acceso en general, sino que también permitirá las visitas de minusválidos e incapacitados físicos.

Una vez ubicado el lugar geográfico idóneo, en la selección del inmueble y su distribución se deben tener en cuenta unas **características físicas y funcionales** que faciliten el trabajo diario del personal policial y de los voluntarios. Las necesidades más básicas requieren una recepción y sala de espera para el público; una oficina para el oficial de policial al mando del CPC; una oficina para el coordinador de voluntarios; una sala de grandes proporciones para las actividades públicas, con cabida mínima para unas 30 personas; una armería con buenas medidas de seguridad; una pequeña cocina; y, finalmente, baños separados para el personal y para el público.

El **mobiliario** variará de acuerdo a las necesidades, disponibilidad de recursos y costumbres de cada lugar (aspectos religiosos y étnicos, por ejemplo, pueden llegar a definir el diseño de una dependencia pública), pero los elementos básicos e ineludibles son sillas para la sala de espera; mesas y sillones para las oficinas; una mesa larga de conferencias con unas 30 sillas para las sesiones y actividades; armarios de acceso libre y de acceso restringido; computadoras, teléfonos y fax (según el número de usuarios hábiles); caja fuerte para equipos policiales de alta sensibilidad o riesgo; sanitarios y muebles para cocina y baños, etc.

A todo ello se agregarán los equipos que la Policía aportará al agente al mando del CPC y a su subalterno, y que consisten en un vehículo completamente equipado, equipo de radio y teléfono celular policial, según aparecían descritos en el capítulo 5 sobre el "MULTIPOL© - Policía comunitario polivalente". Por supuesto que sobre la Policía y sus representantes en el CPC recaen todas las obligaciones pertinentes de profesionalización y capacitación, preparación y realización de ejercicios, y evaluación de los logros conseguidos o, por el contrario, la introducción de medidas correctoras que sean imprescindibles.

Vecinos voluntarios

Un último componente vital para el CPC, por la aportación que realiza y porque sin él toda la idea de la Policía comunitaria quedaría en el limbo, son los vecinos voluntarios, en sus distintas formas y aportaciones. La principal fuerza de trabajo del CPC serán siempre los vecinos voluntarios de la Seguridad Comunitaria (SC), un cuerpo al que está dedicado el próximo capítulo. A modo de introducción, sólo destacar el amplio papel que desempeñan estos jóvenes y adultos que deciden dedicar su tiempo privado a prestar asistencia al público en bien de la comunidad en la que viven, y a ejercer misiones de vigilancia en actos públicos, procesiones religiosas y todo tipo de actos que a lo largo del año tienen lugar en el entorno de la Microzona. También hacen una aportación importante a las labores de control y vigilancia del tránsito, a la búsqueda de personas perdidas y/o desaparecidas, y a las misiones de seguridad interna en la prevención de delitos.

Estos voluntarios suponen el eslabón de asociación civil entre la Policía y los ciudadanos en una serie de tareas cuya única recompensa es el cultivo de una mejor sociedad. La realización de actividades conjuntas requiere una infraestructura y recursos para que los voluntarios actúen, en la cual tanto el Gobierno local como la Policía contribuyen de forma asimétrica: los primeros con recursos monetarios y los segundos con conocimientos profesionales.

7. Voluntariado: Seguridad Comunitaria
Atribuciones, organización y financiación

Corría el siglo VI a. C. cuando el destacado filósofo chino Confucio enunciaba una de sus famosas proclamas de vida y recomendaba que para ahorrarse uno disgustos, lo que debía hacer era "exigirse mucho a sí mismo y esperar poco de los demás". Una proclama que en el contexto que tratamos en este capítulo parece cobrar fuerza para explicar, aunque sólo sea en esencia, las creencias e ideales que esconden en sus mentes los más de 50.000 voluntarios que prestan servicio en la Policía de Israel. Repartidos por todo el país, refuerzan a los 35.000 agentes de carrera que, sin ellos, se verían en serias dificultades para cumplir su misión de mantener el orden público. Lo hacen desde un mecanismo organizativo conocido como el "Mishmar Ezrahi", en traducción libre "Seguridad Comunitaria (SC)"[11],

---

[11] La traducción literal de "Mishmar Ezrahi" es "Guardia Civil", pero a lo largo del libro se elude esta definición para no confundir el sistema de voluntarios de la Policía en Israel con el cuerpo policial homónimo en España, con el que nada tiene que ver.

cuya existencia en Israel deriva sin duda de la delicada realidad de la seguridad en el país. La sociedad en Israel vive bajo la amenaza del terrorismo desde antes incluso de su fundación como Estado independiente y la labor de vigilancia por temor a atentados exige astronómicos recursos que no están siempre a disposición de la Policía. La idea conceptual de civiles organizados en una patrulla para hacer cumplir algunas de las funciones del agente policial surgió en 1974, después de una serie de atentados palestinos en el kibutz[12] Shamir y las ciudades de Kiriat Shmoná, Beit Shean y Jerusalén. La persistente sensación de inseguridad llevó a un grupo de ciudadanos a exigir el derecho de tomar parte activa en la defensa de sus hogares, más allá de los marcos ofrecidos por la Policía y el Ejército. Fue éste un reclamo de la ciudadanía que, tras la autorización de los entes competentes, pasó a convertirse en el núcleo de una organización exclusivamente civil con fines de seguridad.

En junio de ese mismo año el Gobierno de Israel resolvió el establecimiento de la "Seguridad Comunitaria (SC)" como marco organizativo, que por aquel entonces aún tenía una actuación independientemente a la de la Policía y el Ejército. Sólo en 1976, estos grupos voluntarios pasaron a estar directamente bajo la autoridad policial. Una década después empezaron a funcionar dentro del mismo marco legal los llamados "Voluntarios de unidades especiales", la mayoría de ellos uniformados con los colores de la policía y que tenían como misión asistir a las distintas fuerzas en actividades como control y vigilancia del tránsito, patrullaje, guardia fronteriza y otros. La mayor parte de los voluntarios, no obstante, están dedicados desde siempre a las funciones clásicas de la seguridad comunitaria, que son: la

---

[12] Comuna agrícola que contribuyó de forma decisiva a la creación del Estado de Israel. El primero se creó en 1909 y en la actualidad existen más de 250. Su base ideológica se inspiró en la propiedad colectiva, tanto de los bienes como de los medios de producción.

prevención de actividades terroristas, la prevención de crímenes en los barrios en los que residen, y la protección de sus bienes materiales, todo ello por medio de barras de detención o patrullaje de los vecinos por las calles del barrio.

Tutelada desde entonces por la Policía y con más de 50.000 efectivos, la "Seguridad Comunitaria (SC)" es actualmente la organización de voluntarios más grande del Estado de Israel y, para cualquier observador externo, no deja de ser un gigantesco y emocionante mosaico compuesto por seres humanos de todas las religiones, edades, niveles socio-económicos y corrientes ideológicas. Es a todos los efectos un mapa demográfico de la población israelí.

Según distintas estadísticas publicadas en los últimos años, el perfil promedio del voluntario israelí es un varón de 40 a 55 años de edad, con estudios superiores, de clase media, casado y con hijos. En 2004, la SC tenía en sus filas a unos 70.000 voluntarios, de los que el 28% eran mujeres. Ese año se enrolaron 20.000 voluntarios y unos 17.000 se dieron de baja. En proyección histórica la cifra no deja de ser menos sorprendente: entre 1974 y 2004 más de medio millón de israelíes prestaron servicio en la SC. Otro dato curioso, por las repercusiones para la salud pública, es que, debido al alto compromiso de servicio exigido, el 20% de los que fumaban abandonaron el vicio.

Marcos legales de la SC

La exigente legislación en una democracia, en la que los derechos civiles y humanos del ciudadano están protegidos por encima de cualquier otra ley, hizo necesario un código regulador para institucionalizar la Seguridad Comunitaria. Tras ser aprobada su existencia por el gobierno israelí, la Policía enmendó su Ordenanza para dar cabida a esta nueva división. El artículo 49-A describe claramente que "en el momento de cumplimiento de su función, los deberes, derechos, autoridad, inmunidad y subordinación a la jerarquía legal disciplinaria de un miembro de la SC serán como los de un Policía". A continuación, el apéndice B señala que la SC es una organización nacional voluntaria, y abunda en que la Policía podrá servirse de ella para toda actividad en la que ese cuerpo tenga autoridad y que esté relacionada con la seguridad de las personas y la propiedad.

Estos dos artículos describen a grandes rasgos las funciones y responsabilidades del voluntario dentro la Seguridad Comunitaria, siempre y cuando esté en ese momento de servicio, es decir: haya sido convocado a la actividad de ese día, haya sido registrado en el diario de actividades, haya salido a su misión con la autorización de su superior en el CPC y, lo que no es menos importante, haya estado presente en la "Reunión Informativa" de actualización previa a su salida. A efectos prácticos, es esa reunión en la que se les pone al tanto de las alertas, tareas y funciones a realizar, y por tanto la que concede al voluntario sus atribuciones como "agente de policía" para esos precisos momentos de servicio. Sin haber cumplido todos estos requisitos, el voluntario de la Policía comunitaria no tiene mayor atribución que la de un civil, porque, de hecho, fuera del marco descrito, no es más que eso... un civil.

Es decir, que a diferencia de la autoridad de agente policial que la ejerce en base a la fórmula 24/7/365, la de un voluntario está restringida en el tiempo, pero no es menos efectiva ni legal si ha cumplido todos y cada uno de los requisitos anteriormente señalados, o sea, "está de servicio". En todo lo que se refiere al mantenimiento del orden y la seguridad personas y bienes materiales, el voluntario tiene la misma autoridad que un policía, aunque para ejercerla deberá estar acompañado de otros voluntarios. Se trata ésta de una garantía colectiva para salvaguardar en todo momento los derechos del ciudadano.

En otras áreas policiales, sobre todo las especializadas, la autoridad del voluntario se desprende única y exclusivamente de la presencia de un agente de policía profesional en el mismo lugar de los hechos y que se haga responsable de la actuación. En caso contrario, el voluntario habrá de disponer de un permiso especial para cumplir esa precisa función, y siempre habrá de hacerlo acompañado de otros de su misma condición. Estas medidas excepcionales tratan de evitar un posible abuso de autoridad por personas que ni han pasado un proceso profesional de formación policial, ni cuentan a veces con la experiencia necesaria para tratar con el ciudadano, o no conocen completamente todas sus obligaciones. En Israel se hace también una clara distinción entre el voluntario clásico -aquél que patrulla por la Microzona en misiones de vigilancia preventivas y que es identificable por su chaleco policial- y el que accede a las unidades especiales a las que se hacía alusión anteriormente, siendo los requisitos en este segundo caso mucho más estrictos. En este segundo caso el voluntario presta servicio con uniforme policial completo.

Voluntariado clásico: Condiciones de alistamiento

Pero en ambos casos el candidato debe responder a unos requisitos personales y profesionales muy específicos:

1. **Edad**: en la rama "clásica" de la SC, el candidato debe haber comenzado el décimo primer grado de estudios (16-17 años) y no tener más de 65, mientras que para las Unidades Especiales la edad requerida es de 21 a 55.

2. **Salud**: ningún candidato puede ser voluntario sin presentar antes un certificado médico que dé fe de su buen estado de salud, tanto física como psicológica.

3. **Certificado de ciudadanía ejemplar:** el voluntario debe demostrar, mediante certificado emitido por la Policía, que carece de prontuario penal, ni él ni ningún otro miembro de su familia de primer grado que viva en su misma residencia.

Una vez cumplimentados estos requisitos y haber rellenado los formularios de voluntariado, y tras verificarse sus datos y antecedentes, el candidato deberá superar una entrevista con el coordinador de voluntarios antes de ser aceptado a las patrullas de la SC o a alguna de sus unidades especiales de voluntarios. Sólo entonces, si es que la supera, prestará juramento y se someterá a un período de instrucción obligatorio, antes de salir al terreno con sus compañeros.

Deberes, obligaciones y derechos del voluntario

La rigurosa formación que ha de invertir en él la Policía, y la necesidad de mantener cierto orden administrativo y funcional en las filas de voluntarios, hacen que en todo momento se busque una rentabilidad mínima traducida en un compromiso de servicio por parte del voluntario. La actividad mínima a la que ha de comprometerse un voluntario clásico es un turno de 4 horas al mes, y en las unidades especiales dos turnos de 6 horas. En este segundo caso los turnos son canjeables por la prestación de uno único de 8 horas seguidas.

Más allá del compromiso de horas, el voluntario ha de aceptar como reglas de servicio una serie de condiciones que son inapelables y que incluyen: identificarse con la credencial policial, y sobre todo no ejercer la autoridad que se le transfiere, más que única y exclusivamente en el período de servicio; mantener absoluta confidencialidad y secreto sobre toda la información clasificada a la que tenga acceso en la sesión de información operativa o durante su actividad; y, finalmente, participar en todos los cursos de formación, conferencias o reuniones de orientación profesional que la Policía comunitaria considere conveniente para su desempeño. Puede conducir a su cese inmediato como voluntario cualquier violación de estas regulaciones, el que haya estado implicado en una "actividad irregular o anómala" (léase, delictiva), o el que haya desatendido su compromiso de servicio durante tres meses, es decir, por inactividad.

A la baja administrativa del voluntario se procederá cuando éste haya superado la edad techo de servicio (67 años para el voluntario clásico y 57 para el de las unidades especiales, es decir dos más que el techo de ingreso), o cuando su certificado médico deje de tener validez por cualquier circunstancia imprevista. En todos los casos, el cese o la baja irán acompañados de la devolución por parte del voluntario de su credencial y de cualquier uniforme o pertrecho que se le haya entregado para el desempeño de sus funciones.

Por la peculiar naturaleza y pasado del pueblo judío, con los sufrimientos históricos que arrastra, la idiosincrasia israelí ve en la prestación del servicio voluntario, en general, no un derecho sino casi una obligación moral para con el prójimo. Esta es la razón por la que Israel es uno de los países del mundo con mayor número de voluntarios -sólo en la SC hay 6,5 por cada 1.000 habitantes-, y por lo que, por encima de todo, el derecho a serlo es ya en sí mismo un privilegio. Compleja idiosincrasia que, sin embargo, sólo vela por el bienestar colectivo por encima del individual, principio sacrosanto que ha permitido al pueblo judío superar tremendas dificultades a lo largo de la historia y consolidarse en un estado-nación dos mil años después de su destierro.

Y debido a que los derechos del voluntario son relativamente limitados, la comunidad les respeta sin abusar de su buena disposición. La Policía comunitaria tiene en cuenta que actúan *ad honorem* y remunera por los gastos y daños que se le pueden ocasionar si sufrieran algún daño en el cumplimiento de servicio, así como por la formación que requieran para su desempeño. Entre estos gastos están los causados por tratamiento médico y seguros a causa de heridas sufridas en la prestación de servicios; una bonificación por prestar testimonio en tribunales, si así lo requieren los tribunales: la devolución de gastos de gasolina por actividad con su automóvil privado; la compensación por daños y pérdida de equipo personal; un uniforme para los voluntarios de las unidades especiales; regalos al personal voluntario fijo con motivo de las fiestas religiosas y nacionales; y la participación en cursos, conferencias, y veladas recreativas conjuntas, para cohesionar y alentar a los voluntarios.

Vender la idea del voluntariado

Alentar a los voluntarios para que presten servicio es quizá más fácil que poner en marcha todo el mecanismo, un proceso de arduo trabajo debido a que los vecinos pueden ver con cierta reticencia la petición de alistamiento en un cuerpo voluntario que les exigirá trabajar sin remuneración. La primera misión del "**MULTIPOL©**" y del coordinador de voluntarios será por tanto conseguir "vender" la idea al vecindario y el proceso incluye una campaña publicitaria acerca de sus beneficios a corto, medio y largo plazo. La estrategia más recomendable es la de afrontar el voluntariado con un trasfondo casi comercial, en otras palabras, comercializar su imagen como la de un "vendedor" que ofrece sus servicios y productos al público para que éste los compre. Bajo esta fórmula el vecino adopta naturalmente la función del "cliente".

El lema subliminal de la campaña es "vender la imagen del voluntario a la comunidad" con una colección de información sobre las actividades del vecino voluntario y sus objetivos inherentes: satisfacer el bienestar público de forma gratuita mediante modelos sociales y la prestación de servicio personal. Como si de un producto comercial se tratara, el "**MULTIPOL©**" adoptará una estrategia tradicional de comercialización y marketing, primero para ajustar el producto a las necesidades del consumidor y, segundo, para persuadir al "cliente" a formar parte del voluntariado vecinal que le ayude a cumplir con las funciones de seguridad comunitaria.

Comercialización y venta son dos actividades paralelas, la una dirigida a la detección y la creación de la demanda, y la otra para satisfacer esa demanda. En el caso del voluntariado vecinal se trata de vender una serie de servicios que se extienden desde el "cambiar patrones de conducta" hasta "prevenir actos criminales", pasando por "ejecutar modelos comunitarios" o "formar parte del voluntariado vecinal". Y como en el mundo de los negocios, cada uno de esos productos requiere, cada uno por separado, una línea específica de marketing. En resumen, el proceso de gestación de un cuerpo de voluntarios requiere un plan conjunto basado en tres parámetros básicos: conocer a fondo la materia, una capacitación básica en marketing estratégico, y conocimientos en prensa y comunicación. Por último, es muy ventajoso disponer de un "Banco de ideas" al que recurrir cuando haga falta.

De todos los mencionados, el primer paso es el de proporcionar al coordinador de voluntarios y a un grupo determinado de vecinos voluntarios una formación básica en comunicación de masas, un curso que introducirá al agente y a sus ayudantes civiles en ese distante mundo del marketing. Les será una herramienta vital para adornar el escaparate de su propia imagen ante la comunidad y para exponerla con claridad ante su clientela. Como en el marketing de cualquier producto comercial, antes de venderlo es necesario recopilar toda la información sobre la "clientela" y dotar una carpeta de terreno con todas las respuestas sobre niveles socio-económicos, lugares de origen o nivel educativo. Es fundamental que cualquier actividad informativa esté basada en datos contrastados y actualizados, porque el público conoce sus propios problemas y probablemente esté harto de "medias verdades" por parte de funcionarios públicos.

Una vez alcanzado el nivel de conocimiento requerido sobre el terreno y la población gestionada, los encargados deben homologar el servicio que ofrecen a una estrategia seleccionada, exhibir los éxitos sin ocultar los fracasos -como así también la nueva estrategia para no volver a fracasar-, y sólo entonces elegir los medios que formarán la cadena de conexión entre el público y la organización. Por su bajo coste económico, popularidad y eficacia, una vía muy recurrida son los panfletos, que por distribución en buzones llegan a una gran cantidad de público. Otro son los carteles callejeros -de grandes dimensiones para que no pasen desapercibidos- y los letreros luminosos -en horas de oscuridad para que sean más efectivos-. Una última vía, no menos eficaz, es la de conseguir el apoyo de los medios de comunicación locales para que publiquen, de tanto en tanto, reportajes de presentación acerca del voluntariado vecinal y de sus actividades. Las redes sociales por Internet son hoy otra vía muy eficaz para difundir peticiones y ofrecer material informativo, al igual que la apertura de una página web.

La estrategia en todos los medios contempla en primer lugar la interiorización del mensaje elemental: "el coordinador y los vecinos voluntarios son tu seguridad vecinal, más cercana, más disponible y más comunitaria". A continuación, el ofrecimiento de información práctica sobre los servicios comunitarios que brinda la base de voluntarios, como horarios de apertura, números de teléfono para concertar citas, actividades generales y otras iniciativas. La comercialización final de las ideas básicas y el traspaso de información sólo deben realizarse después de la aplicación efectiva de los mecanismos y procesos internos de cambio, de forma que los recursos destinados a esta difusión no acaben desperdiciados. Es decir, deberán realizarse sólo después de tener evidencias fundamentadas por medio de encuestas sobre el nivel de satisfacción del público antes y después de la creación del voluntariado vecinal.

El éxito del "voluntariado comunitario" radicará también en otra herramienta: la evaluación y supervisión del modelo en sí. La definición de objetivos y su evaluación constante es básicamente lo que permitirá al coordinador, evolucionar y adaptar su estrategia de marketing, haciendo posible destinar los siempre escasos recursos a la actividad más urgente y por las vías más adecuadas y eficaces. Los "mapas térmicos"[13] de cantidad, calidad, tie realizadas las actividades delictivas, son una buena herramienta para conocer si los objetivos fueron o no alcanzados. Esta técnica comparativa de los objetivos y logros facilita la visión de curso a seguir e incluso revela si los objetivos planteados merecen ser reorientados por ser erróneos o demasiado ambiciosos. La primera verificación, a los tres meses, suele ser crucial para descubrir errores de concepto, en tanto que las más avanzadas a los seis y doce meses suelen ser de "afinamiento". La de los tres años ofrecerá realmente una visión fidedigna del éxito.

Fomentar la participación de voluntarios en la Seguridad Comunitaria cuenta en nuestros días con otro gran problema, y es el de que la actividad voluntaria se ha expandido de tal manera a todos los niveles de la sociedad que el "**MULTIPOL©**" compite con una larga lista de organizaciones no-gubernamentales (ONG), fundaciones y asociaciones vecinales que también requieren sus servicios de forma voluntaria. Cada año se añaden más y más organizaciones que potencian las actividades comunitarias a niveles nunca vistos en el pasado, y que prueban que el sentido de "responsabilidad social" ha calado más que nunca en la conciencia de las gentes. Iniciativas privadas o grupales, proyectos alentados desde instituciones públicas y hasta por grupos transnacionales, son hoy parte de la realidad de cualquier sociedad. En conjunto crean un fascinante mosaico que refleja la magnitud espiritual de la sociedad civil en nuestros días. Estas entidades activan en una gran variedad de funciones y gozan de distintas orientaciones ideológicas y profesionales, aunque todas tienen el denominador común de actuar sin fines de lucro y voluntariamente en favor de la comunidad. Entre todos estos nuevos grupos están también los que se dedican a cuestiones de seguridad comunitaria, cuyo aporte no es menos importante a la sociedad. El

---

[13] Procedimiento que ayuda a conocer el alcance de las actividades penales mediante distintas tonalidades de color, de acuerdo a la gravedad del problema.

"**MULTIPOL©**" habrá de tenerlas en cuenta no sólo por las dificultades que representa para enrolar a voluntarios en sus propias actividades, sino porque puede sacar provecho de ellas para sacar adelante sus propios planes. El agente policial comunitario puede servir de coordinador entre individuos, grupos y asociaciones que actúan a título individual, y tender entre ellas un valioso puente que resuelva el problema de la descoordinación y solapamiento de funciones. Es decir, convertir al presunto "rival" en un fuerte "aliado".

La profusión de voluntarios y organizaciones sin fines de lucro se puede explicar con la ayuda del modelo del psicólogo estadounidense Abraham Maslow (1908-1970) acerca de las necesidades humanas. En su "Teoría sobre la motivación humana" (1943) establecía que la gente reacciona de acuerdo a una jerarquía de necesidades para llegar a su propia "autorrealización", y describe que luego de haber conseguido sus necesidades más básicas, los seres humanos desarrollan necesidades y deseos más elevados. Su pirámide jerárquica sitúa como las más elementales las necesidades fisiológicas (respirar, beber, alimentarse, dormir, eliminar desechos corporales, evitar el dolor...) y en segundo lugar la "seguridad y protección" (seguridad física, salud y recursos para vivir con dignidad). Sólo una vez cubiertas estas dos, el ser humano aspira a alcanzar las otras dos: "afiliación" (afecto, estima, intimidad sexual) y "reconocimiento" (confianza, respeto y éxito). En lo más alto de la pirámide, Maslow premia al ser humano con la "autorrealización", que consiste en una plena moralidad, desarrollo de la creatividad, espontaneidad y falta de prejuicios. En lo que concierne al voluntariado, la "autorrealización" es también la fase en el que ser humano está más capacitado para aceptar hechos y abocarse a la solución no ya de sus propios problemas sino también los del prójimo.

Su teoría explica en gran medida la correlación entre el grado de desarrollo social y los porcentajes de voluntarios en una sociedad. A mayor bienestar, mayor número de voluntarios y de iniciativas sin fines de lucro, porque el ciudadano está más dispuesto a entregarse al prójimo como parte de su propia realización. También refleja el origen de la mayoría de los voluntarios: clases medias y altas.

Otro aspecto relevante para el voluntariado en la jerarquía de Maslow lo encontramos en el tercer escalón: la necesidad de afiliación, el afecto social como individuos. En él se ubica un vecino voluntario que presta sus servicios por la mera búsqueda de afecto social, por la necesidad de pertenencia a un grupo. Dentro de la actividad voluntaria, el ciudadano se sentirá aceptado como vecino ejemplar, desarrollando en él y los que le rodean sentimientos de amistad, compañerismo, afecto y amor al prójimo.

Presupuesto y rentabilidad

Aunque mucho más barato que un cuerpo policial, financiar el aparato de voluntarios requiere recursos que, en cualquier sociedad moderna, nunca son fáciles de encontrar y que ha de contar con la ayuda de varios organismos: policía, municipios, organismos locales de la Microzona y, si es posible, quizás hasta con empresas privadas que estén interesadas en ayudar, bien por cuestiones de imagen pública o bien por un interés particular en incrementar la seguridad en la que se encuentran sus dependencias. En cualquier circunstancia se trata de un presupuesto destinado únicamente para mantener la logística de la SC, ya que no existe el concepto de sueldo por tratarse de un servicio voluntario. La mayor parte del presupuesto está dedicado a estimular la actividad del voluntariado y atraer a nuevos candidatos.

En Israel, la financiación de los gastos operativos y logísticos de este cuerpo está contemplada por ley en el presupuesto de la autoridad local pertinente que, según el mecanismo en funcionamiento actualmente, recibe una partida presupuestaria especial del Gobierno nacional para su financiación. La tasa de participación del municipio en la SC es fijada de acuerdo al número de vecinos voluntarios en dicha zona. En términos generales, la partida presupuestaria a tener en cuenta debe abarcar:

1. Mantenimiento de la base de funcionamiento: alquiler, limpieza, gastos de electricidad, agua y servicios de informatización.

2. Mobiliario: representa de un 5 a un 10 por ciento del presupuesto hábil.

3. Material informativo y publicaciones: uno de los elementos más importantes de toda la actividad de la Policía comunitaria por la necesidad de aproximarse al ciudadano.

4. Actividades para alentar a la ciudadanía a prestar servicio voluntario: dependerá de la cantidad de vecinos en la Microzona.

5. Secretaria: lo ideal para esta función es localizar a un voluntario, aunque en su ausencia se requerirá la contratación de una persona a sueldo.

6. Gastos extraordinarios: reparación de averías impredecibles, equipamientos, etc.

7. Gastos de relaciones públicas y/o agasajos a los voluntarios: bebidas y refrescos, regalos por las fiestas, etc. También esta partida presupuestaria dependerá del número de actividades y cantidad de voluntarios.

En capítulos anteriores mencionábamos la enorme contribución que el servicio voluntario, en todas sus facetas, tiene en el tejido humano de una comunidad, ayudando a consolidar un sentimiento de compromiso social y de responsabilidad compartida sobre los bienes materiales colectivos y, sobre todo, hacia el bienestar del prójimo. Pero su aporte en términos económicos no es menos despreciable, y el caso de los voluntarios en la Policía comunitaria no es una excepción porque significa una nada despreciable mano de obra completamente gratuita. La rentabilidad económica del cuerpo y de los modelos y programas aplicados son incalculables en términos reales y, mucho más, si se tienen en cuenta los cambios que producen. Al movilizar y activar vecinos voluntarios en labores policiales y de seguridad, la Policía disfruta de miles de horas de trabajo al día prácticamente sin coste alguno. Un simple cálculo a partir de la premisa de que cada 24 horas son movilizados en Israel 5.600 voluntarios, y que cada movilización es de 4 horas como mínimo, implica que la Policía dispone al día de 22.400 horas de trabajo completamente gratuitas, lo que traducido a jornadas laborales equivalen a un día de trabajo gratuito de 2.800 agentes policiales. En cómputo mensual, esa mano de obra equivaldría a 672.000 horas, o lo que es lo mismo, una plantilla gratuita de casi 4.000 agentes de policía[14].

Unidades especiales de voluntarios

La profesionalización en nuestras sociedades y la diversidad de habilidades que ofrecen los voluntarios abren la posibilidad de hacer de ellos un uso paralelo que, aunque con el mimo objetivo que el del voluntario, gira en torno a una plataforma organizativa distinta en la que cada uno hace su aportación de acuerdo a sus capacidades y habilidades profesionales. En otras palabras, el voluntariado en la Policía

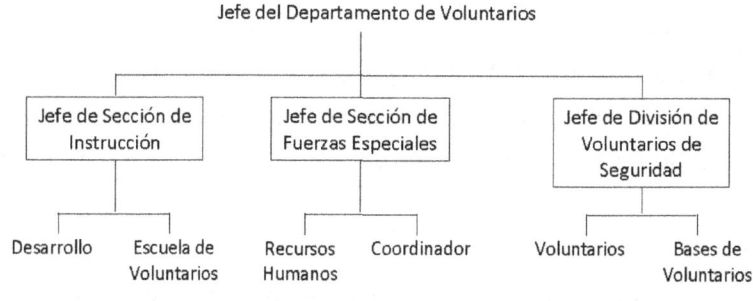

Estructura orgánica del Departmento de Voluntarios

---

[14] Dividir por 8 horas de trabajo diarias en el primer cómputo, y por 172 horas laborales mensuales, en el segundo.

de Israel está dividido en dos ramas organizativas: los "voluntarios clásicos" y los de las "unidades especiales". Los primeros prestan sus servicios en funciones de vigilancia regular, y los segundos en áreas de acción policial más profesionalizadas. Ser voluntario en este segundo grupo permite activar una rama variada de profesiones de acuerdo a la formación de cada voluntario o vocación, siempre bajo la tutela de la SC y según el siguiente organigrama a nivel nacional, que parte de la Comandancia General de la Policía.

Una de las condiciones básicas que se requieren en Israel a estos voluntarios es el haber prestado el servicio militar obligatorio. Por lo demás, en la mayoría de los temas profesionales el voluntario de las unidades especiales ha de pasar un proceso de formación, y en una parte de ellos se requieren conocimientos previos que en la mayoría de los casos tendrá origen en estudios civiles que haya completado de forma independiente a su voluntariado o haya acumulado a lo largo de su vida laboral. En ambas circunstancias, el candidato debe pasar los exámenes del curso de formación que le ofrece la Policía antes de poder prestar servicio (dos turnos de seis horas al mes, o uno continuo de ocho horas), que le proporcionan conocimientos legales e instrucción policial básica. El primer módulo de esta formación es el de "Patrullero Básico" y ofrece al voluntario la posibilidad de actuar uniformado, pero únicamente acompañado de un policía de carrera. En esta categoría responderá en el terreno, por ejemplo, a denuncias telefónicas personándose en el lugar de los hechos. Después de dos años de servicio, el voluntario podrá acceder al módulo de formación "Patrullero Superior", que le capacitará legalmente para actuar sin el policía de carrera, pero, siempre, en compañía de al menos un segundo voluntario de su misma categoría.

Entre las numerosas funciones que los voluntarios de las unidades especiales desempeñan actualmente en la Policía de Israel están:

1. **Policía de Recepción**: ayudan a responder llamadas en los centros telefónicos de emergencia y generalmente se encuentran en las recepciones de las comisarías recibiendo al público y prestándole la asistencia administrativa que requieran (como rellenar formularios) o derivándolos a las oficinas pertinentes en cada caso.

2. **Turismo**: suelen dedicarse a patrullar zonas turísticas, atender denuncias de turistas y abrir investigaciones relacionadas con este campo policial. Por su naturaleza, esta función requiere que el candidato conozca varios idiomas o dialectos lingüísticos.

3. **Tránsito y vialidad**: se encargan del cumplimiento de las leyes de tránsito en sus diferentes facetas: vigilancia de vías, redirección del tránsito, tratamiento de accidentes y medidas de prevención. Hay voluntarios especializados en la investigación de accidentes mortales, los que se encargan de informar al público en acciones preventivas, y los que desarrollan sus tareas en patrullas interurbanas. Dependiendo de la función, y como en el caso de cualquier policía de carrera, irá a pie en patrulla o en motocicleta. En esta rama de especialización, el voluntario no pasará por los cursos de "Patrullero" sino los de "Tránsito Básico" y "Tránsito Superior", que coinciden con aquél en sus aptitudes, atribuciones y desempeño.

4. **Detectives**: es una función delicada para quien normalmente es un civil, pero para la Policía supone un aporte cualitativo sin parangón. Y es que estos voluntarios, mucho menos conocidos por los delincuentes que los agentes de carrera, sirven en la policía secreta en seguimientos y vigilancia de sospechosos. El trabajo se realiza en todo momento vestido de civil y el acceso a esta función se restringe a los 55 años.

5. **Detectives de menores**: responde al mismo modelo descrito en el apartado anterior, pero su objetivo no es la delincuencia común sino el mantenimiento del orden y la aplicación de las leyes en círculos infantiles y juveniles. Al ser menos conocidos por los menores, estos voluntarios tienen una gran capacidad para merodear por escenarios

frecuentados por jóvenes y en particular lo hacen en horas de la noche y días feriados. Se trata de una labor restringida a voluntarios de 23 a 35 años que actúan de civil.

6. **Traducción**: es una función que por su particular naturaleza requiere el conocimiento de idiomas a un nivel muy alto, de forma que puedan ayudar a los investigadores a tomar datos de interrogados y testigos. La Policía de Israel dispone en esta función de "traductores" especializados en comunicación con sordomudos y ciegos a los que se les ayuda en el lenguaje Braille para que puedan llenar formularios y denuncias.

7. **Asistencia en desactivación de bombas**: la función de desactivación de artefactos recae única y exclusivamente en policías de carrera, pero los voluntarios ayudan en todas las actividades de apoyo logístico como conducir la unidad móvil, vestir al artificiero con los equipos de protección, alejar a curiosos y acordonar la zona de riesgo.

8. **Inspección y protección de medioambiente**: suelen patrullar para hacer respetar las normativas que regulan la protección del entorno natural y urbano, evitando la contaminación acústica, previniendo el saqueo de recursos naturales (arena, agua, flora silvestre, fauna, etc.), e impidiendo la contaminación ambiental (gases contaminantes, residuos de construcción en lugares no habilitados, etc.).

9. **Guardia fronteriza y vigilancia de campos de cultivos**: como su nombre lo indica actúan en zonas fronterizas o agrícolas con la misión de impedir el robo de equipos y recursos que generalmente están en espacios abiertos privados y campos de cultivo. El voluntario suele patrullar en jeeps de la Guardia Fronteriza (la llamada "Policía Verde" por el uniforme de sus hombres) y responder a llamadas de emergencia a la policía personándose en la zona de los hechos.

10. **Patrullaje motorizado y no motorizado**: la función que cumplen no es otra que la de vigilar espacios en los que vehículos policiales normales no pueden entrar por las condiciones del terreno,

por ejemplo, una playa o un parque natural. En estos casos, los voluntarios utilizan sus propios vehículos (jeeps, tractores, bicicletas, caballos...) para supervisar la situación. Si se trata de un medio de transporte motorizado la Policía les compensará con la devolución de gastos por el combustible consumido.

11. **Patrullaje naval**: caso similar al apéndice anterior, pero en espacios navegables. Para servir en esta unidad especial el voluntario requiere los permisos y licencias pertinentes a su actividad, y también debe haber prestado servicio en la Marina de las Fuerzas de Defensa de Israel (IDF).

12. **Submarinistas**: tienen como misión el rescate de personas en costas, lagos y ríos, así como la localización y recuperación de personas ahogadas. También pueden ser convocados para localizar y recuperar pruebas con fines judiciales de fondos marinos. Los voluntarios de esta unidad deben tener la formación y licencia pertinente de buceo (dos estrellas como mínimo).

13. **Rescate**: trabajan por todo el territorio nacional en la búsqueda de desaparecidos y, generalmente, de excursionistas perdidos que corren peligro de deshidratación o accidente. Los voluntarios de esta unidad deben tener la formación pertinente como alpinistas o escaladores.

14. **Identificación de víctimas y recuperación de cadáveres**[15]: prestan servicio en todo tipo de desastres naturales, accidentes, derrumbamientos, asesinatos y atentados.

---

[15] Esta particular y difícil faceta la llevan a cabo en Israel voluntarios de la comunidad ultraortodoxa judía, para los que la recuperación de restos humanos y su enterramiento es un precepto divino. Esta unidad, que en Israel se ha ganado el respeto de toda la ciudadanía y actúa desde una plataforma organizativa denominada ZAKA (acrónimo hebreo de *"Zihui korbanot asón"*, o en su traducción literal, "Identificación de víctimas en desastres"), ha prestado servicios en todo tipo de catástrofes naturales y accidentes por el mundo. Según su página en internet cuenta con unos 1.000 voluntarios.

8. Voluntariado juvenil
Modelos, funciones y frecuencia

Una de las facetas más constructivas de la Policía comunitaria de Israel ha sido siempre la de incorporar a jóvenes en funciones de responsabilidad que les vayan adentrando en el mundo de los adultos y concienciándolos de la necesidad de que asuman un compromiso social con el entorno que los rodea. El ex secretario general de Naciones Unidas, Kofi Annan, puntualizó esta necesidad al hablar en uno de sus discursos sobre el papel de este colectivo y en él sentenció que "una sociedad que aísla a sus jóvenes se condena a sí misma a desangrarse". No se trata de volcar en ellos todas las responsabilidades propias de un adulto, sino de ir introduciéndolos en su entorno, lo que por otro lado significa que aprovecharán su tiempo de forma constructiva y se apartarán de fenómenos nada deseados en una sociedad sana e inmune.

El modelo israelí para este grupo de voluntarios, menores de edad según la ley, establece una serie de exigentes requisitos, entre los que se cuentan un listón de edad y la autorización escrita de los padres para que sea voluntario. Por lo general, a los 17 años (o 16 para quien ya haya comenzado el undécimo grado de estudios) la candidatura es individual. Por lo demás, el proceso de acceso es similar al de un adulto del voluntariado clásico, con la única diferencia de que deberá pasar tres meses de experiencia ante de obtener el carné de "voluntario joven".

Para edades inferiores existen planes especiales que se realizan en plena coordinación con las autoridades educativas y las escuelas. De forma esquemática, la Policía comunitaria israelí prescribe tres circuitos o modelos para el voluntariado juvenil:

A. "Compromiso personal": para alumnos de los grados 9 y 10 de secundaria y que responde a un plan escolar de voluntariado que forma parte ineludible del programa de estudios. Los niños deben prestar a esa edad cuatro horas semanales de servicio voluntario durante todo el año lectivo, en cualquier organización o institución pública, y la Policía comunitaria es una de las que pueden elegir. Las misiones que se les encomienda son de carácter comunitario, por ejemplo, acompañar a ancianos a recoger la pensión del banco. En este caso particular el grupo es denominado "Comando 28" por el día del mes que tiene lugar la prestación del servicio, pero pueden también repartir panfletos, hacer encuestas o incluso participar en misiones de vigilancia básicas en las que no corren ningún tipo de riesgo.

B. "Liderazgo comunitario": abierto a jóvenes de distintas edades enviados por los movimientos juveniles con el objeto de conocer de cerca las cuestiones de seguridad ciudadana y liderazgo comunitario. Se trata de un programa especial de estos movimientos destinado a formar a sus propios líderes y en el que la Policía hace su aportación.

Debido al solapamiento de planes, en estos dos primeros grupos la puesta en práctica de la actividad voluntaria requiere un acuerdo escrito entre la Policía y la institución que envía al voluntario, sea el colegio o el movimiento juvenil, documento en el que se describen los márgenes de actividad previstos. En ambos casos el voluntario obtendrá un carné que lo acredita como "voluntario asistente", y en el modelo "A" el colegio le concederá además un punto de crédito en su matrícula final.

C. "Joven": para jóvenes de 17 a 18 años que, a título individual, quieren prestar un servicio voluntario en la Policía comunitaria clásica, ya que hasta los 21 años de edad no podrán formar parte de las unidades especiales. El programa está abierto a jóvenes escolarizados (en este caso se puede acceder con 16 años si el candidato ha comenzado el undécimo grado de la secundaria) y no-escolarizados de la misma edad. Este grupo forma parte del "voluntariado clásico", con misiones acorde a su edad y desempeños que hacen un aporte directo a la sensación de seguridad ciudadana. La selección de voluntarios es un proceso bidireccional de observación mutua que se prolonga durante tres meses, período en el que el candidato recibe un carné de postulante a "voluntario joven" por ese período y pasa una formación básica sobre funciones de la policía, el papel de la SC en la seguridad ciudadana, ética policial, obligaciones y derechos. En el plano operativo, se les enseña la actuación requerida para la comunicación escrita y oral con los centros policiales (lenguaje policial por radio, informes, etc.), tratamiento de escenarios delictivos, barreras, búsqueda de desaparecidos y las regulaciones para la detención, arresto y los límites de autoridad que puede ejercer.

Al concluir el período de prueba, y tras una entrevista personal, el jefe del CPC redactará una valoración personal sobre el voluntario que determinará sus posibilidades de continuidad. De aprobarla, obtendrá un carné permanente de "voluntario joven" y podrá acceder a cursos dentro de los planes de preparación militar que contempla este modelo de voluntariado. Se trata un adiestramiento básico de concienciación.

Por las circunstancias de seguridad tan particulares de Israel, donde todos los jóvenes prestan el servicio militar -ellos 36 meses y ellas 24-, el voluntariado en la Policía comunitaria incluye otros cursos de orientación militar para esa etapa tan crucial en la vida de cualquier israelí. De esta forma, durante su formación como voluntarios entran ya en contacto con conceptos y técnicas que volverán a utilizar en la vida militar. Supervivencia y técnicas de orientación en espacios deshabitados y/o desérticos, e incluso lectura e interpretación de elementos topográficos, son algunas de las facetas que experimentan estos voluntarios. También se les prepara físicamente y se les inculca sobre todo tipo de valores democráticos y éticos que suponen la columna vertebral del ejército. La preparación premilitar la completan excursiones por distintas zonas del país y conocimientos sobre el patrimonio, dedicación y sacrificio que el servicio militar representa para el Estado de Israel y el pueblo judío.

Funciones

Debido a la corta edad de estos voluntarios y a la necesidad de implementar un modelo por fases, las funciones que asumen son tipificadas según la fase en la que se encuentran.

En la de prueba de tres meses el plan de la Policía comunitaria israelí les prescribe la participación en búsqueda de desaparecidos y observaciones en zonas vulnerables; en actividades de patrullaje, vigilancia y protección como parte de un equipo donde haya policías o voluntarios de unidades especiales; en misiones de la Policía Fronteriza siempre bajo la supervisión de un voluntario mayor de edad; o en la regulación del tránsito tras haber pasado una formación de cinco horas en este campo de actividad. Si se diera el caso de que algún voluntario menor de los programas de "Compromiso personal" o "Joven" formase parte de alguna patrulla, siempre lo hará como tercero en un equipo compuesto por dos voluntarios adultos.

Los voluntarios de los modelos comunitarios A ("Compromiso personal") y B ("Liderazgo comunitario") antes mencionados tendrán en esta fase de prueba dos funciones bien determinadas que pueden ser divididas entre las que se realizan en la oficina o aquellas que tienen lugar en el terreno, siempre bajo la estricta supervisión de adultos:

En la oficina	En el terreno
Asistencia al coordinador	Defensa de la propiedad
Coordinador de jóvenes	Señalización de bienes
Radio escucha	Visitas a ancianos e inválidos
Citación de voluntarios	Reparto de panfletos
Ayudante informático	Medioambiente
Actualización de notas	Medios de comunicación
Suministro de datos	Vigilancia de playas
Apertura del CPC y otras	Encuestas y otras

Transcurrida la fase de prueba, el "voluntario joven" actuará en un espectro mucho más amplio de la rutina operativa del CPC y de la SC, aunque siempre con ciertas restricciones a tener muy en cuenta, como es la presencia de voluntarios adultos en cualquier unidad de vigilancia y la prohibición de que tomen parte en operaciones policiales programadas contra la delincuencia y el crimen:

1. **Patrullaje a pie**: en la medida de lo posible esta actividad la hará en compañía de un voluntario adulto y, en el caso de no haber uno disponible, la patrulla la encabezará un estudiante del último grado de secundaria que tenga por lo menos un año de experiencia en la Policía comunitaria. El grupo óptimo para cada patrulla estará constituido por 3 adultos y 1 joven. En Israel está totalmente prohibido que voluntarias jóvenes salgan a patrullar de forma individual o con otras de su misma condición.

2. **Patrullaje en vehículos**: se realiza siempre en compañía de un adulto que no será el chófer del patrullero. Este tipo de patrullas no permite la presencia de más de dos voluntarios menores de edad, y si así ocurriera -porque el vehículo tenga cabida- se requerirá un policía por cada joven para poder protegerles, enseñarles y dirigirles. En cualquier circunstancia, nunca podrá haber más de dos jóvenes por patrulla.

3. **Barreras y retenes policiales**: por cada "voluntario joven" de 17 o 18 años deberá haber un voluntario adulto que le custodiará y guiará, y la función reservada a los menores es en el puesto de observación, es decir, a un costado de la barrera o retén. En ningún momento, por los riesgos que conlleva, el voluntario menor de edad puede revisar vehículos o inspeccionar a sospechosos.

4. **Vigilancia y registro de autobuses**: se trata de una misión muy delicada en Israel, donde en los últimos quince años se han producido docenas de atentados suicidas en estos vehículos por parte de terroristas palestinos. Consiste en subir a autobuses para revisar que no hay objetos sospechosos abandonados que puedan ser artefactos explosivos y en caso de los haya alertar al conductor para que evacue el vehículo y lo estacione inmediatamente a un lado para su revisión por un artificiero.

5. **Escolta de excursionistas y grupos escolares**: se trata de otra particularidad de la sociedad israelí por los mismos motivos descritos en el punto anterior, la amenaza terrorista. Todo grupo que sale fuera de su recinto institucional debe ir acompañado por escoltas que puedan neutralizar a un posible atacante. La práctica en Israel dicta que los voluntarios menores no deben ser más de la mitad de los escoltas, y tal y como ocurre en el patrullaje en vehículos, nunca más de dos voluntarios jóvenes por actividad.

6. **Búsqueda de desaparecidos**: frente a toda clase de actividad encargada a los menores de edad, la policía da prioridad a la participación de los voluntarios jóvenes en la búsqueda de desaparecidos, al igual que en el salvamento de vidas. Este tipo de actividad incluye también el ofrecimiento de apoyo anímico a los familiares de los desaparecidos.

7. **Ayudante personal del jefe del CPC**: se trata de una función a la sombra del policía a cargo del CPC, un cargo de confianza y con acceso a información sensible al que sólo se puede acceder tras un año

de experiencia en la SC, haber pasado un curso especial y haber obtenido la autorización especial del jefe de la sección local de la SC. Como cargo de responsabilidad que es, supone un fuerte espaldarazo a la carrera del voluntario dentro de la SC y un punto a destacar en su currículum en la búsqueda futura de trabajo.

Horarios y frecuencia

La joven edad de estos voluntarios implica, por razones obvias, que el servicio que prestan en todas las funciones mencionadas tiene una restricción horaria para que sus estudios y rutina social no se vean alterados. A diferencia del voluntario adulto, el juvenil sólo puede prestar servicio hasta la medianoche en día de diario, y hasta las 2:00 de la madrugada en festivos. Para cualquier necesidad extraordinaria después de estos límites horarios se necesita un permiso del jefe de Sección local de la SC y una razón de peso que bien puede ser la urgente necesidad de buscar a un desaparecido, la urgencia en registrar un colegio o una parada de autobús o el levantamiento de barreras policiales matutinas.

De igual modo, la frecuencia de su voluntariado es más restringida y durante el año escolar sólo pueden prestar servicio ocho veces al mes, una cifra que se eleva a doce en el período de verano. En ambos casos la guardia que hagan no sobrepasará las 4 horas y en cómputo mensual 32 horas en período escolar y 48 en el de vacaciones.

"Base de voluntariado juvenil" y "Unidad de menores"

El formato descrito hasta ahora para el voluntariado de menores de edad los ha situado siempre en la sede del CPC y en una constante dependencia del jefe de la Microzona, trabajando codo a codo con los otros voluntarios mayores de edad. Pero en Israel existen separatas dentro de la Policía comunitaria que, aunque también dependientes en todo momento de un jefe policial, permiten a los jóvenes una mayor autonomía y responsabilidad, y que sirven para inculcarles un sentido de liderazgo de cara al futuro. Dos de estas separatas son la "Base de voluntariado juvenil" y la "Unidad de menores", en ambos casos se trata de organizaciones barriales de jóvenes que están supeditados a la autoridad de un CPC en la misma Microzona.

La "Base de voluntariado juvenil" es una dependencia física autónoma constituida por un grupo de al menos veinte "voluntarios jóvenes" y que está dirigida por los más capacitados y aptos entre ellos. Esta base suele estar dentro de otra dependencia, que puede ser un movimiento juvenil o un Centro comunitario. Funciona bajo la responsabilidad de un voluntario adulto y en algunos lugares bajo la supervisión de un instructor de jóvenes, que bien puede ser uno de ellos seleccionado por el movimiento juvenil de acuerdo a sus aptitudes y calidad humana como líder. El grupo de menores realiza actividades básicas como procesamiento de datos informáticos, apoyo a la comunidad y a los vecinos que así lo necesiten (ancianos y minusválidos), misiones de protección del medioambiente, reclutamiento de voluntarios, asignación de actividades, crea equipos de alerta y hasta misiones de observación, patrullas, retenes policiales y otros. Es en la práctica un tentáculo autónomo del CPC en otro vecindario o urbanización de la Microzona.

La otra figura autónoma es la "Unidad de menores", que se inspira en la misma idea que la "Base de voluntariado juvenil", pero que actúa sin unas dependencias físicas propias. En este caso es sencillamente una agrupación de jóvenes con funciones socio-comunitarias que actúa en conjunto en misiones autorizadas por el CPC y que pueden utilizar sus premisas con fines logísticos si así lo requieren.

Las diferencias entre el voluntariado clásico que trabaja en el CPC y tiene en él su epicentro de actividad, de un lado, y la "Base de voluntariado juvenil" y la "Unidad de menores", del otro, radican en el grado de autonomía, la tipificación de funciones (al no haber adultos los menores están mucho más limitados en su actividad) y la sensación de responsabilidad. La Policía comunitaria en Israel alienta en todo momento la creación de estas separatas autónomas por el aporte que hacen en el proceso de formación de líderes y agentes sociales, y no escatima esfuerzos a la hora de darles los instrumentos necesarios para apoyarles.

El proceso de selección de candidatos y sobre todo de los cabecillas del grupo es por ello mucho más exclusivo, como lo es el curso de formación que dura catorce días (140 horas lectivas) y se realiza durante las vacaciones de verano. El listón de edad para los líderes del grupo equivale al último grado de la escuela secundaria, es decir entre 17 y 18 años. La instrucción incluye temas como las funciones y estructura de la Policía y de la SC; autoridad, obligaciones y derechos del voluntario; administración de una base de voluntarios; gestión y reclutamiento; delincuencia juvenil; tratamiento de objetos sospechosos; y creación de barreras policiales.

9. Tácticas y herramientas
Microzona, carpeta de terreno y alianzas

Por la variedad de elementos que influyen en su trabajo y la gran cantidad de instituciones con las que debe coordinar sus acciones, uno de los fundamentos de la actividad del "**MULTIPOL©**" es el orden en el trabajo. Como nudo de conexión y coordinación entre entes gubernamentales, gobiernos locales, cuerpos de emergencia, organizaciones barriales, instituciones escolares, grupos sociales y la población en general, el policía ha de tener a su alcance una gran cantidad de información a la que, en caso de necesidad, poder echar mano de forma inmediata, o que le sirva, a largo plazo, para planificar sus modelos de prevención. Sin esa información, su actividad profesional estará destinada al fracaso, o cuanto menos a perpetuar una situación sin conseguir mover hacia delante los mecanismos que han de generar el cambio social para el cual la Policía comunitaria fue concebida.

La recopilación de la información antes de comenzar a trabajar cara a cara con la población es fundamental y comienza en la fase preparativa, es decir, con la aprobación por los entes responsables de la delimitación geográfica de la Microzona y el reconocimiento de que realmente se requiere en ella un Centro de Policía Comunitaria (CPC). Una vez alcanzada esa conclusión y seleccionado el policía comunitario que se hará cargo de ella, el agente deberá proceder inmediatamente a "describir" de forma minuciosa su entorno geográfico y social de trabajo: la Microzona.

Cartografía geográfica y delictiva de la Microzona

Desde el punto de vista geográfico, un elemento básico a tener en cuenta es la accesibilidad, es decir, las vías de acceso desde el exterior de la Microzona a los distintos lugares en su interior, así como las vías más rápidas para desplazarse de un lugar a otro dentro de la misma. Para ello el agente comunitario deberá realizar una cartografía detallada que contenga la descripción de calles, casas, instalaciones eléctricas, infraestructuras logísticas (barriales, municipales y nacionales), baños públicos, instituciones, comercios claves, lugares de esparcimiento, colegios, refugios y cualquier otro elemento que en caso de necesidad sirva para detectar o explicar fenómenos delictivos o localizar una ubicación. Una técnica que puede ayudar al policía a transmitir después -en sus explicaciones a los vecinos voluntarios o a representantes de otros organismos públicos- sobre las particularidades de cada lugar es la fotografía, con el fin de no olvidar detalles valiosos. Todo ello irá archivado en la llamada "Carpeta de terreno", quizás la herramienta más básica del "**MULTIPOL©**".

Se trata de uno de los utensilios más importantes del agente policial, en la que se vuelca toda la información sobre la Microzona. La correcta aplicación de este medio requiere que la información conste en todo momento en dos formatos: el tradicional, dentro de una carpeta que pueda leer y actualizar periódicamente; y el más moderno digital (una presentación Power Point o cualquier otro) con el que exhibirlo antes de cualquier operación especial bien ante los jefes de la Policía o ante los propios voluntarios que prestan servicio.

TÁCTICAS Y HERRAMIENTAS

La división de esa carpeta puede ser variada y de acuerdo a las necesidades de cada coordinador o agente comunitario, pero una recomendada es:

1. Índice detallado para la fácil localización de datos.
2. Sumario para los directores del centro y la junta directiva.
3. Mapa detallado con calles, organizaciones e incluso el número de cada edificio o vivienda.
4. Temas varios ordenados alfabéticamente, y que podrán variar en función de cada Microzona. Una propuesta más o menos común a todas es:

Alcantarillado	Lugares tácticos
Aliados	Medios de comunicación
Aliados potenciales	Niños y jóvenes
Callejero (orden alfabético)	Organizaciones caritativas
Centros comunitarios	Organizaciones gubernamentales
Clima	Organizaciones religiosas
Comercios	Organizaciones vecinales
Correos	Parques
Datos demográficos	Población (panorámica)
Deporte	Población (ocupación e ingresos)
Discapacitados y ancianos	Primaria infancia
Educación formal e informal	Salud
Focos problemáticos	Tercera Edad
Historia	Topografía
Infraestructuras (gas, luz...)	Transporte público
Liderazgo (grupos claves)	Turismo

Por la delicada información que contiene, la "carpeta de terreno" es confidencial y debe estar lejos del alcance de cualquier persona que pueda utilizarla con fines delictivos.

A continuación, es necesaria una evaluación funcional de la Microzona en la que el agente habrá de descubrir los problemas que la aquejan, tanto a nivel general como particular (dónde incide más la delincuencia, sus tipos, la frecuencia), y verificar con qué aliados cuenta y cuáles son los más necesarios para afrontar los programas de prevención. Así, un plan de acción para afrontar la violencia juvenil necesita de unos aliados distintos a los que requiere otro contra el robo a establecimientos comerciales. Como técnica ineludible es recomendable el diálogo con los vecinos para averiguar sus preocupaciones más urgentes y si estarían interesados en cooperar con el CPC. Este sondeo ayudará también al agente a conocer la sensación de seguridad que percibe el vecindario.

El objetivo de la llamada "cartografía del delito" es conocer las características de la ciudad y del entorno que influyen sobre sus problemas, poniendo especial énfasis en los factores de riesgo, oportunidades e infraestructuras sociales que ayuden a combatirlo. De esta forma, el "**MULTIPOL©**" podrá tener una imagen clara y multidimensional de todos los datos sobre fenómenos de violencia, delincuencia y alteración del orden público, que luego podrá contrastar con las soluciones policiales y civiles existentes para abordarlos con soluciones específicamente adaptadas. Servirá también para diagnosticar necesidades, y delimitar con la mayor exactitud posible el margen diferencial entre los problemas y las soluciones existentes, en una aproximación realista que le permita avanzar en todo momento en la dirección correcta. Este mapa de la delincuencia favorecerá asimismo la creación de una base de trabajo por medio de alianzas con entes públicos y privados, gobiernos nacionales y locales.

La nada fácil tarea de realizar la cartografía recae en el director del Centro comunitario -en su acrónimo hebreo *Matnás* (por "Centro Cultural, Juventud y Deportes")- que encabezará una Comisión de Pronunciamiento con al menos cinco comités de asesoramiento profesional a su disposición para que le ayuden a identificar, describir y preparar el plan de acción. Los comités más básicos de asesoramiento son los de Ejecución, Educación, Ocio y tiempo libre, Asistencia social y Juventud. Si la Microzona sufre de algún otro problema, por ejemplo, de drogas, éste deberá ser incorporado a la agenda de los comités mencionados o convocar un comité adicional. En cualquier caso, es importante recuperar datos recopilados y empleados en programas anteriores y mantener un detallado protocolo de las sesiones de los comités y de la Comisión de Pronunciamiento para que la información esté disponible en cada una de sus reuniones.

Los ideales y líneas generales que deben guiar la actividad de todos estos comités y de los programas de prevención que aprueben, son el énfasis en el mantenimiento del orden público y el respeto de la ley por medio de la identificación de problemas de naturaleza local y la búsqueda de soluciones prácticas. Su puesta en práctica debe inspirarse en una descentralización de los problemas que están bajo jurisdicción de la Policía en general, y que, a partir de ahora, quedarán en manos del agente comunitario. Este también propondrá programas de prevención mediante alianzas colectivas entre todos los organismos, la colaboración de los medios de comunicación, y la sistemática evaluación y medición de los resultados.

Cuadro de prioridades

Todas las sociedades y comunidades del mundo tienen una coyuntura particular marcada por su propia idiosincrasia y el entorno geográfico y socioeconómico. Es por ello que todas, sin distinción, tienen problemas muy particulares y que éstos, a pesar de ser parecidos *a priori*, las afectan en distinta medida y con distinta intensidad. La medición de su gravedad, es decir, la preocupación que despiertan en la ciudadanía, dependerá irremediablemente de elementos culturales y, por lo tanto, todo el proceso de valoración de problemas es notoriamente subjetivo. Por otro lado, cuando la policía comienza a trabajar en una nueva zona, o establece nuevas alianzas, muchas veces suele intentar abordar y resolver todos los problemas de una sola vez, sin tener en cuenta las verdaderas posibilidades de éxito a su alcance. Pero esa postura suele conducir al fracaso ya que siempre surgirá algún factor inesperado (tiempo, recursos humanos, presupuestos, etc.) que haga imposible lidiar con todos los obstáculos al mismo tiempo. Por esta razón, es recomendable seleccionar un máximo de cuatro problemas y, en la medida de lo posible, de la gama más diversa para mostrar avances en varias direcciones y no encajonar al CPC en un único marco de operación. De la misma forma, sería erróneo escoger únicamente los problemas más difíciles, porque las limitaciones mencionadas anteriormente bloquearían las posibilidades de éxito en todos ellos.

La clave del éxito está en hacer una selección correcta y en elegir cabalmente aquellos que realmente tengan una solución con las herramientas al alcance, porque el avance sobre los primeros problemas motivará a los que lo han llevado adelante y les dará fuerza para continuar con los siguientes que serán, indudablemente, de mayor dificultad. Además, los logros convencerán a personas o entidades que dudaban en un principio de la eficacia de los actores, o de la utilidad del modelo de prevención aplicado, de sumarse a ellos.

La correcta elección de los problemas habrá de realizarse de forma sencilla pero meticulosa, en base a una escala común para todos que mida los factores objetivos y subjetivos bajo parámetros idénticos, y que tendrá en cuenta:

1. **Extensión**: es decir, a cuántas personas afecta el problema y en qué medida.
2. **Gravedad:** cuál es el daño real que el problema causa a la comunidad, como colectivo, y a grupos definidos.
3. **Posibilidades de solución:** hasta qué punto verdaderamente se puede minimizar el fenómeno, o si, por el contrario, su

solución está fuera del alcance de la Policía comunitaria y la dedicación de recursos será en definitiva un desperdicio.

4. **Interés en solucionarlos:** el grado de importancia que la solución del problema tiene en ese momento dado para la Policía y para la Comunidad.

Con una simple técnica de puntuación inspirada en las respuestas de profesionales de distintos campos policiales y civiles, así como de los representantes del vecindario, serán prioritarios aquellos problemas que obtengan mayor puntaje, según el siguiente gráfico:

Problema a evaluar: <u>Violencia escolar</u>	Puntuación									
	1	2	3	4	5	6	7	8	9	10
Extensión / Afectados									v	
Gravedad / Daño a la Comunidad										v
Posibilidad de solución / Minimización								v		
Interés en solucionarlo										v
Puntaje total = 37								8	9	20

Problema a evaluar: <u>Robos de radios en automóviles</u>	Puntuación									
	1	2	3	4	5	6	7	8	9	10
Extensión / Afectados						v				
Gravedad / Daño a la Comunidad						v				
Posibilidad de solución / Minimización							v			
Interés en solucionarlo								v		
Puntaje total = 27						12	7	8		

De los cuadros se desprende que tanto la violencia escolar como el robo de radios en automóviles son importantes para la comunidad, pero mientras el primero obtuvo en su valoración de "prioridad efectiva" (extensión + gravedad + interés + posibilidades de solución) una puntación de 37, el segundo sólo tuvo 27, con lo que el policía comunitario deberá centrarse antes en resolver la violencia escolar que el robo de radios de los vehículos.

Seleccionados los tres o cuatro problemas más acuciantes habrá que escoger una estrategia de resolución de acuerdo a las dimensiones y grado de dificultad de cada objetivo. La aproximación más aceptada en la resolución de problemas consiste en:

1. **Problemas pequeños**: erradicación completa.
2. **Problemas complejos con posibilidades de éxito**:
    a) Minimización.
    b) Buscar una solución de acuerdo a qué es lo más conveniente y requerido para el bienestar de las víctimas.
3. **Problemas complejos sujetos a una mejor reacción policial**:
    a) Minimización de daños procedentes del problema.
    b) Perfeccionamiento y profesionalización de la reacción policial.
    c) Derivación a un organismo más apropiado: traslado del problema a un organismo competente con más y mejores facultades para resolverlo.

A lo largo de todo el proceso, será necesario también contar con una estrategia de evaluación, parte integral de la aplicación de modelos para conocer tanto los resultados positivos como los negativos, y proceder en consecuencia en aplicaciones futuras.

Alianzas por la comunidad

La gestación de alianzas entre la Policía comunitaria y los distintos organismos públicos y privados es clave del éxito a la hora de solucionar problemas en la comunidad y en cualquier programa de prevención que se desee aplicar ya que son ellos los que realmente tienen las herramientas para generar el cambio deseado. Sin estas alianzas o "programas globales de acción", la Policía comunitaria estaría destinada a un sonado fracaso porque, tal y como dijo en su día el que fuera presidente de EEUU, Abraham Lincoln (1808-1865), "antes de ganar a un adepto para tu causa, deberás convencerle primero de que eres un amigo sincero".

La consolidación de alianzas y puentes de cooperación por el bien de la comunidad se inspira en las tres premisas básicas:

1. El comportamiento anti normativo de cualquier ser humano tiene su origen en la inseguridad personal (sea física, social o económica).
2. La prevención es la única estrategia para verdaderamente resolver los problemas, y
3. Los líderes de la comunidad, independientemente de quiénes sean, son la clave de cualquier solución.

Por otro lado, la necesidad de estas alianzas radica en la constante evolución de la sociedad en la que vivimos, que hace que la ciudadanía demande cada vez más insistentemente un buen servicio por parte de los entes públicos, cuando estos sufren precisamente un constante desgaste de recursos debido a las nuevas -y cada vez más complejas- funciones que cada organismo va asumiendo bajo su tutela. Esta asimetría -mayor demanda de servicios frente a la menor capacidad para hacerles frente- se ve fuertemente desequilibrada por la creciente influencia de los medios de comunicación, convertidos desde hace unos años en auténticos grupos de presión. También se ve afectada por el impacto de las nuevas tecnologías de la información en la movilización de masas, y la "Primavera árabe" a principios de 2011 es un claro ejemplo del poder de las redes sociales en internet y su impacto en el orden público.

La forma de volver a equilibrar las expectativas de todos los involucrados es una acción multidimensional que incluye una mejor preparación de los órganos civiles para cooperar con la policía en bien de la comunidad, pero también un mayor compromiso y participación por parte de la ciudadanía en la solución de sus propios problemas.

Así las cosas, la experiencia demuestra que cuánto más fuertes son las alianzas entre los distintos organismos públicos y la sociedad, los problemas colectivos son abordados de una manera más correcta y profesional. La participación del ciudadano en la búsqueda de soluciones produce un enriquecimiento y una diversidad de gran importancia en los recursos humanos disponibles; devuelve grupos y personas determinadas a un comportamiento normativo dentro de la sociedad y favorece el autoabastecimiento comunitario en la resolución de problemas mediante la recurrencia al voluntariado urbano en todas sus ramas. Asimismo, las alianzas refuerzan a largo plazo la imagen positiva y la confianza mutua entre los distintos "aliados" y, lo que es más importante a efectos de la Policía comunitaria, entre el público y la Policía. Porque más allá de la amplitud de recursos humanos y materiales que suponen a cualquier organización, las alianzas ofrecerán una perspectiva menos subjetiva de la complejidad de los problemas y facilitan su resolución con la ayuda de los profesionales más cualificados.

En este orden de cosas, la gestación de esta forma de cooperación interdisciplinaria e interdependiente requiere la aceptación de dos condiciones básicas que, a largo plazo, garantizarán su buen funcionamiento y la cohesión entre sus miembros. La primera de ellas, ineludible, es un reconocimiento mutuo de legitimidad de los intereses, objetivos y propuestas de cada parte ("reconocimiento", que no "aceptación"), y la segunda, menos absoluta por definición pero no por ello menos importante, es que la cooperación debe estar fundada sobre la explotación compartida de recursos a nivel de infraestructuras, de personal cualificado y de cualquier otro instrumento a disposición de una de las partes que pueda ser útil al conjunto de la alianza. Sólo así las partes demostrarán un compromiso genuino de lealtad, honestidad y completa transparencia hacia los demás socios. El compromiso mutuo también habrá de tener una clara e inapelable expresión en la responsabilidad de cada aliado a la hora de cumplir su parte del programa, incluso cuando la coyuntura lo haga más difícil, léase, en tiempos de crisis económica.

El germen de esta alianza entre los primeros órganos relevantes debe conducir hacia la expansión y asociación con otros organismos y partes interesadas que puedan hacer una contribución especial, teniendo en cuenta en todo momento, mediante un sistema de verificación, que no todos los candidatos a la alianza serán siempre realmente positivos para su estabilidad y que, en ocasiones, la mera expansión hará confluir una variedad tan grande de intereses que quizás la perjudique y hasta la haga colapsar. De ahí que el proceso orgánico para la creación de la alianza demande un análisis meticuloso, por este orden, de:

a) Identificación de los problemas interesados en resolver según la fórmula de "prioridad efectiva" -es decir, qué es mejor resolver de acuerdo a los cuadros de prioridad- expuesta en páginas anteriores para que la alianza llegue a expresar los intereses y las necesidades de todos los aliados.

b) Cartografía de organismos públicos, privados y de voluntarios que trabajan el tipo de problema a resolver y a los que será posible proponer vías de cooperación que sean compatibles con los intereses comunitarios y policiales.

c) Selección de los aliados más propicios según su capacidad y campo de especialización. La consolidación de los lazos con los primeros socios, y la presentación de una cara unificada y amable, facilitará más adelante invitar a nuevos grupos y asociaciones a formar parte de la alianza.

d) Redacción de un "Plan general de acción" que describa en términos generales los problemas y objetivos, establezca un calendario preciso de trabajo y prescriba de antemano un modelo de verificación mediante la evaluación y medición de resultados.

e) Redacción de un código ético de responsabilidad compartida y mutua entre los miembros de la alianza.

f) Presentación pública de la alianza en una ceremonia con testigos (vale un medio de comunicación o autoridad pública).

Todos estos mecanismos contribuirán a la estabilidad de la alianza a largo plazo y a una mayor efectividad de las herramientas a su disposición, pero no por ello la alianza está exenta de peligros que pueden provocar un efecto boomerang y, llegado el caso, su eventual colapso. Entre los más destacables están la politización, los favoritismos, los cambios inesperados de prioridades por parte de cada uno de los socios, los problemas éticos y de integridad burocrática, el posible daño a alguno de los aliados por acciones individuales no concertadas, la pérdida de confianza de la ciudadanía, la desilusión por incumplimiento de promesas, las ramificaciones legales de cada una de las acciones y compromisos asumidos, y finalmente, la oposición a ciertos cambios por parte de interesados.

Es por ello que cuanto más homogénea sea la alianza, cuantos más organismos abarque en el espectro profesional y de la Microzona, el plan de acción que ha de generar el cambio deseado tendrá más posibilidades de éxito. Aliados potenciales de cualquier agente policial comunitario son las ONGs, los comités de estudiantes, órganos juveniles, comisiones de padres, agrupaciones de vecinos, concejales, delegados del vecindario ante cualquier organismo público y, por supuesto, directores de escuelas, centros comunitarios, movimientos juveniles y líderes religiosos.

La búsqueda de socios para la alianza dependerá naturalmente del campo de actividad del plan de prevención requerido y, en cualquier caso, siempre será posible establecer varias alianzas a un mismo tiempo y en los que la participación de uno o más de los socios sea recurrente. Áreas de cooperación frecuentes para estas alianzas son: la mejora de seguridad ciudadana y de la sensación de seguridad de los vecinos; planes de prevención de delitos y la intensificación de la vigilancia a todos los niveles (violencia, drogas, alcohol, tránsito, etc.); y campañas de difusión informativa para dar a conocer los planes aplicados y los éxitos alcanzados.

Si la identificación de problemas es la esencia del proceso orgánico de gestación, ya que de ella depende la búsqueda de socios en cada una de las áreas de cooperación, en la fase de implementación de la alianza la clave del éxito pasa por la descripción clara y precisa de los objetivos, prioritaria para no caer en un pozo sin fin que conduzca a la frustración mutua de los aliados. El orden de trabajo en esta segunda fase es:

a) Selección clara y precisa de los objetivos perseguidos de forma que ninguna de las partes se vea sorprendida o desalentada al final del proceso.

b) Verificación de los aspectos jurídicos relacionados con el campo de actividad para que la alianza no se vea obstaculizada a mitad de camino.

c) Distribución detallada de responsabilidades, obligaciones y de la contribución que debe hacer cada aliado.

d) Creación de un programa de trabajo de aplicación en el terreno, es decir, un plan detallado de acción con nombre y apellidos, y con un calendario claro para la aplicación de cada etapa.

e) Definición de parámetros para la evaluación y medición de los resultados con el objetivo de corregir y adaptar el plan a nuevas coyunturas y necesidades. La supervisión de éxitos debe ser contrastada con las prioridades existentes y las variables tomadas en cuenta para el posible desvío del proyecto de su curso previsto.

Cualquier análisis objetivo sobre el funcionamiento de la alianza deberá medir la legitimidad concedida a los intereses de cada una de las partes (el reconocimiento mutuo), cuantificar el grado de cooperación entre ellas en base a su aporte en conocimiento, recursos humanos y personal profesional, verificar el compromiso de lealtad y honestidad de las partes, evidenciar la responsabilidad ejercitada por cada aliado según la parte del programa que se le atribuía a largo plazo y por último garantizar la igualdad de dividendos entre todos los aliados, entre ellos los de carácter público y de imagen a través de los medios de comunicación (atribución colectiva del éxito).

La consecución de los objetivos fundacionales tendrá su expresión en los gráficos de delincuencia, en la reducción o eliminación del problema abordado y en la mejora de la imagen de la policía a ojos del público. Favorecerá asimismo la capacidad de los líderes comunitarios para resolver problemas futuros de una forma más correcta y eficaz.

Código ético

Otra de las herramientas básicas de la actividad del "MULTIPOLicía", y que cobra mayor importancia conforme las alianzas se van haciendo más extensas, es la elaboración de un código ético que rija las relaciones y el compromiso moral de todos sus socios. Los valores éticos, dejó escrito el gran maestro griego Sócrates, "deben tener un fundamento absoluto trascendente a toda contingencia y accesible a la razón" para que cualquier actividad pública se funde sobre los principios de la honestidad y la justicia. La ética es esa rama de la filosofía que estudia los fundamentos de lo que se considera bueno y moralmente correcto, de las acciones y comportamientos que se adaptan a la moral humana y a las costumbres establecidas y que valoran el conjunto de normas que regulan cualquier relación o conducta humana en un entorno específico, entre ellos el profesional. El objetivo en el caso de la Policía comunitaria es que el código ético siente las bases y estándares de la organización, sustente sus relaciones con los demás aliados profesionales y, por supuesto, con la comunidad.

Este código, cuya aceptación condicionará la aceptación de nuevos socios, determinará y definirá los valores y acciones que dictarán el comportamiento más apropiado -ético y profesional- dentro de la alianza, y prescribirá su actualización de acuerdo a las necesidades cambiantes de la profesión, de los aliados y de los clientes. Acordado unánimemente por las partes, este conjunto de normas básicas de conducta deberá ser respetado en una muestra de compromiso individual y colectivo por parte de cada una de ellas y cualquier caso de violación estudiado y analizado por un Comité de Ética.

Su redacción deberá contemplar en la primera parte la relación entre los aliados como grupo de acción y la comunidad, y en la segunda entre los aliados en sí y el personal involucrado. En ambos casos los cinco valores supremos que regirán las relaciones son: respeto incondicional e inapelable a los derechos humanos y civiles; confianza y discreción; transparencia absoluta; profesionalismo; honestidad y honradez. Los principios del Código Ético deben estar fundados sobre una realidad aceptable y concreta, y en base a razonamientos lógicos que contribuyan a solidificar la alianza.

10. Modelos de prevención
Gestación y verificación

La elaboración de cualquier plan de prevención requiere un conocimiento exhaustivo e integral del grupo social que vive en la Microzona, de su idiosincrasia, y de las fuerzas que desde adentro pueden apoyar un proceso de cambio. Sin esta información es imposible preparar un plan eficaz de acción contra cualquiera de los problemas que la aquejan, ya que las soluciones dependerán en gran medida de la coyuntura sociodemográfica y de las normas sociales que rigen la interacción entre sus miembros.

Con la ayuda de un Comité de Pronunciamiento que acompañe el proceso desde sus inicios, el "**MULTIPOL©**" deberá de identificar con exactitud los problemas que aquejan a la zona bajo su jurisdicción y hacer una radiografía del delito que recoja en grupos los que, *a priori*, están en posible relación de interdependencia (droga-violencia juvenil, alcoholismo-accidentes de tránsito, etc.). Algunos de ellos merecerán ser abordados de forma conjunta, o la solución al problema de base acabará minimizando el fenómeno secundario que ocasiona. Dejando a un lado las particularidades de cada sociedad, los problemas e infracciones más recurrentes en un entorno social promedio pueden ser agrupados por su naturaleza en:

- **Violencia**: intimidación y violencia escolar (*bullying*), violencia callejera, violencia doméstica, violencia en instalaciones deportivas y estadios, violencia religiosa o racista, etc.

- **Delitos contra la propiedad**: hurtos, carterismo, asalto a viviendas y comercios, robo de automóviles, etc.

- **Alcoholismo y drogadicción**: consumo descontrolado de alcohol, consumo de drogas, venta de todo tipo de productos alucinógenos, venta a menores de bebidas alcohólicas, etc.

- **Problemas y delitos juveniles**: pandillaje, destrucción de propiedad pública, alteración del orden público, embarazo precoz, deserción escolar, etc.

- **Agresiones sexuales**: pedofilia, violación, prostitución, abusos sexuales de todo tipo (dentro y fuera de la familia) etc.

- **Delitos informáticos**: piratería, estafas, pedofilia y otros delitos cometidos a través de la computadora y el internet.

- **Tránsito**: accidentes de tránsito, conducción sin licencia y otras violaciones más frecuentes del código de circulación, etc.

Fases y mecanismos

Para abordar cualquiera de ellos se requiere de unos parámetros o fases comunes que, con la ayuda de las alianzas pertinentes, irán construyendo el modelo más eficaz de resolución. En todos los casos el modelo comienza por las consideraciones coyunturales que originan o permiten el delito en cuestión y termina con un proceso de supervisión y autocrítica de las medidas aplicadas para erradicarlo o minimizarlo. Es vital medir el éxito del modelo para confirmar que el "**MULTIPOL©**" está ofreciendo al ciudadano un servicio de alta calidad y para evitar el desperdicio de recursos humanos y materiales y poder orientar el modelo en la dirección correcta cuando, por cualquier razón, se produzca una desviación de los resultados esperados. El éxito del modelo vendrá dado, por supuesto, por las estadísticas a lo largo del tiempo.

A modo de breve ejemplo, para la creación de un modelo base de prevención basta con elegir uno de los delitos más profusos en cualquier entorno social: el robo de vehículos o accesorios de su interior (el más común, la radio). Se trata éste de un delito que, por naturaleza, depende en gran medida de un entorno propicio, es decir, poca gente alrededor y remotas posibilidades de que el delincuente sea atrapado in fraganti. En otras palabras, el ladrón debe percibir un alto potencial de impunidad. El modelo a aplicar debe necesariamente revertir esa percepción y, con la ayuda de todo tipo de herramientas, imponer al delincuente un nuevo entorno disuasorio que le haga recapacitar sobre las posibilidades de ser capturado. Una estrategia general a varios niveles (policía, patrullas de voluntarios y medios de comunicación), así como la colaboración de las instituciones u organizaciones vecinales para concienciar a la población del problema, contribuirán en su conjunto a transmitir ese mensaje de mayor seguridad que eventualmente disiparía en el delincuente su percepción de impunidad.

El objetivo en todos los casos es un modelo restringido en espacio y tiempo mediante la implementación de métodos y recursos que generen una reducción del problema en cuestión. Para lograrlo es necesario en todo modelo de prevención un proceso de tres fases: planificación, implementación y verificación, cada una de ellas con sus propias exigencias, etapas, mecanismos y procesos que, en algunos de los casos, transcurrirán en paralelo.

1. **Planificación:** es quizás la etapa más decisiva de todo el modelo y de la que dependerá en gran medida su correcta aplicación. La información recogida y procesada es vital para la elección del plan más apropiado y su traslado al terreno de los hechos de la forma menos agresiva posible. Las fases de las que consta pueden ser resumidas en:

- Cartografía del delito y análisis del impacto que sus características sociales y económicas tienen en la Microzona por medio del cuadro de prioridades.
- Estudio de todos los aspectos relacionados con el delito en cuestión: zonas más expuestas, medios de protección existentes, establecimientos comerciales relacionados (de vehículos, a efectos del ejemplo mencionado), etc.
- Elaboración de un programa comunitario sistémico que incluya a la Policía comunitaria, autoridades locales, vecinos voluntarios y organizaciones de la comunidad (comerciantes y otros).
- Diseño de una campaña de difusión pública para informar al ciudadano del fenómeno y de las medidas que se aplicarán.
- Búsqueda de recursos tecnológicos para la protección de la propiedad, desde sistemas de alarma hasta su ubicación física (GPS, por ejemplo), pasando por cámaras de televisión por circuito cerrado o internet que permitan un seguimiento de la propiedad robada.
- Cambios físicos que dificulten la ejecución del delito en cuestión. En el caso del robo de coches, quizás, por medio de la instalación de barreras en los aparcamientos, estacionamientos cerrados, alarmas, etc.
- Reacción sistémica rápida y eficiente ante la denuncia del delito.

2. **Implementación:** comienza con la puesta en marcha del modelo en la Microzona tras la recopilación y análisis de toda la información recogida en la etapa anterior e incluye:
   - Establecimiento de grupos de trabajo que se encargarán de todo el proceso y la coordinación: comité de Planificación y Dirección, de Recursos e infraestructuras, de Mantenimiento logístico, de Difusión y Educación, de Información e Inteligencia, y de Control y Retroalimentación ("feedback") mediante la evaluación y medición de resultados.

- Procesamiento de datos.
- Introducción general y progresiva de las medidas preventivas definidas en la fase anterior: desde la campaña de difusión al público hasta el despliegue de todos recursos físicos y tecnológicos que contribuyan a reducir el problema.

3. **Verificación:** se trata en este caso de una fase de aplicación paralela a las dos anteriores, porque parte de la información necesaria para efectuar las verificaciones se habrá realizado en la etapa 1 con la descripción del problema y su alcance en la Microzona, punto de partida para analizar el cambio experimentado. Por otro lado, la continua supervisión del modelo en su fase de implementación es imprescindible para no desviarse de los objetivos o para introducir los cambios que sean necesarios por circunstancias imprevistas que no fueran tomadas en cuenta con anterioridad o la evolución del delito por reacción de los delincuentes (traslado del fenómeno a otros focos, adaptación de las actividades delictivas a las medidas introducidas, etc.). La fase de verificación requiere de varios mecanismos para un completo sondeo del éxito del modelo, que son:

- Radiografía inicial del delito: la expectativa de éxito del modelo se determina en la fase de planificación y, por lo tanto, ya entonces tendrá que haber una visión panorámica más o menos exacta del alcance del delito para comparar la situación después de aplicar el modelo.
- Línea de referencia: documentar en todo momento la situación para poder utilizar los datos al evaluar la actividad general y efectividad del modelo.
- Selección de índices claros de medición, por ejemplo, número de denuncias sobre ese delito presentadas a la Policía.

Por la propia naturaleza de cualquier plan de acción, la aplicación de las tres fases del modelo a lo largo del tiempo es progresiva, si bien, hay que destacar nuevamente que puede haber un solapamiento en algunos de los pasos de la primera y la segunda. La tercera puede en realidad dividirse en dos tipos de actividad: verificación del proceso y medición del éxito del modelo. La verificación acompaña la aplicación del modelo casi desde el principio para mantener el rumbo correcto en todo momento, mientras que la medición es de aplicación intermitente en las fases más avanzadas del modelo con el fin de poder percibir los cambios con claridad. En cualquiera de estos dos casos, es recomendable en todo momento observar y analizar los cursos de acción claves de los cuales podamos extraer información que nos sirva para llegar a las decisiones apropiadas. Es decir, observar y analizar el fenómeno en su versión más preocupante y reincidente, verificar que las medidas de prevención se centren en ella y no desperdicien recursos en actividades o cuestiones marginales. En el ejemplo del robo de coches, habría que prestar atención a personas sospechosas como alguien apoyado demasiado sobre un vehículo, alguien que conduce un automóvil con una ventana rota, o el que un coche esté funcionando sin las llaves puestas, porque un evento esporádico -como, por ejemplo, gritar para ahuyentar a algún sospechoso- puede llamar mucho la atención, pero aportará poca información a la hora de sacar conclusiones homogéneas que nos ayuden a resolver el problema. Es por ello imprescindible centrarse en el "fenómeno delictivo" como un conjunto de delitos de similar naturaleza y quizás perpetrados por el mismo tipo de delincuentes y no en el "acto delictivo" en sí que deberá ser abordado con técnicas reactivas de la policía tradicional.

La verificación del proceso permitirá identificar aquellos puntos débiles que obstaculizan el éxito del modelo y corregirlos antes de que se conviertan en un lastre crónico que causen daños irreparables o hagan colapsar su aplicación. Sin examinar el proceso en sí no será posible detectar las razones de un posible fracaso o la desviación de los resultados buscados. Es fundamental también analizar el comportamiento de los distintos organismos y personas que toman parte en la aplicación del modelo: policías, representantes y autoridades comunitarias, organismos de gobierno, unidades voluntarias, etc. Y teniendo en cuenta que el "cliente" de la Policía comunitaria no es otro que el ciudadano de a pie, el vecino de la Microzona, será él quien haga la valoración del éxito y exprese su satisfacción o insatisfacción con los resultados del modelo, la alianza y los organismos que la integran.

En la parte correspondiente a la Policía comunitaria, los sondeos de verificación sobre los modelos aplicados son también una herramienta importante para saber el grado de satisfacción de la población de los servicios generales que ofrece el CPC; para verificar si éste responde a las necesidades de la Microzona o, si por el contrario, el territorio bajo su jurisdicción es demasiado grande; y verificar si, por ejemplo, el CPC está ubicado en la zona correcta o convendría trasladarlo a otro lugar en el que sus resultados puedan ser mejores. Algunos índices objetivos para valorar el funcionamiento del CPC son los días de apertura -según los informes diarios a la comandancia general de la Policía comunitaria-, la cantidad de llamadas de emergencia que llegan al **MULTIPOL©** en lugar de a la comisaría central, la medición de la delincuencia en aquellos problemas bajo exclusiva jurisdicción de la Policía comunitaria y según estadísticas comparativas con años anteriores.

Existen valoraciones más subjetivas pero igualmente analizables como el comportamiento personal del policía a cargo del CPC y la verificación de sus aptitudes profesionales y humanas para la función, la naturaleza de las alianzas que ha establecido con otros organismos, el grado de participación de la comunidad en los distintos proyectos, la calidad de sus relaciones con la comunidad y las instancias policiales superiores; disponibilidad, rapidez y calidad del servicio prestado y la visibilidad pública del agente. Es también indudable y necesario que el ciudadano de a pie aporte su granito de arena con el mero hecho de expresar su opinión.

No es necesario abundar sobre la naturaleza variable de cada modelo en base al entorno social y urbano al que ha de ser aplicado, aunque a grandes rasgos todos se guían por unos elementos y objetivos comunes. A continuación, se describen algunas propuestas de los modelos aplicados en Israel y trasladables, previo ajuste de sus componentes más locales, a otras sociedades. La selección presentada, de distinto alcance en cada caso, expone únicamente los proyectos más clásicos, aunque existen otros muchos.

MODELO 1: Plan de acción "Barrio seguro"

Características generales del modelo. - De alcance local, se trata de un modelo de rápida aplicación y con resultados a corto y mediano plazo para resolver problemas acuciantes. De base orgánica estrecha (de alcance local), el plan debe ser elevado de nivel una vez alcanzados los objetivos e incorporarlo en el modelo "Comunidad Segura" (de alcance nacional) descrito más adelante que, por tener una base orgánica y alcance mucho más amplios, tiene un efecto preventivo de más larga duración.

Coyuntura del entorno. - Prescrito para entornos de grandes dimensiones en los que abunda la violencia y la delincuencia es variada; en los que no hay cooperación entre los distintos agentes y organismos que actúan en el terreno para frenar el fenómeno; en los que no existen datos sólidos para hacer valoraciones con las que iniciar proyectos; en los que los vecinos no participan en la resolución de los problemas y/o existen problemas legales para movilizarlos. En el entorno no existe la figura del policía comunitario en su versión más amplia, es decir, según la concepción descrita en este libro como "**MULTIPOL©**" o "**MULTIPO**Lícía".

Objetivo general. - Es básicamente fomentar la seguridad en el barrio y con ello erradicar la sensación de inseguridad de los vecinos.

Objetivos integrados. - Concienciar a la población de la necesidad de reinstaurar el orden público y de la importancia de respetar las leyes; recopilar información básica para la identificación y solución de problemas locales presentes y futuros; búsqueda de recursos humanos y materiales; desarrollo de alianzas para la ejecución de programas sistémicos; establecer vínculos de cooperación con los medios locales de comunicación y otros.

Estrategia general. - Nuestro modelo se rige por dos ejes centrales: a) la integración de todas las organizaciones que trabajan en el terreno en un plan conjunto de acción que potencie el efecto preventivo con eficacia y rapidez, y b) la concienciación y movilización de los vecinos para que actúen en bien propio y del vecindario de forma voluntaria.

Tácticas de acción y herramientas básicas. - a) alianzas de cooperación entre las distintas organizaciones (municipales, policiales y comunitarias) para dar un buen servicio al vecindario, b) unificación de servicios por parte de los organismos públicos para que no haya duplicidad y desperdicio de recursos, c) movilización, reclutamiento y formación de vecinos para la SC, y d) aplicación de programas preventivos para la minimización y posterior erradicación de la delincuencia y la violencia.

1. Fase de planificación:

- Análisis de los problemas que aquejan al barrio y selección de un máximo de cuatro para aplicar el modelo, siempre de acuerdo al "Cuadro de Prioridades" mencionado en el capítulo anterior.

- Elaboración del plan de trabajo de acuerdo a los problemas seleccionados y los recursos disponibles.

- Definición de las metas preventivas y objetivos generales del plan de acción.

- Constitución de grupos de vecinos voluntarios y su formación profesional.

- Redacción de los estatutos y acuerdos de trabajo entre todos los organismos y participantes en el proyecto.

- Definición de parámetros de evaluación de resultados para poder medir el éxito del modelo.

- Preparación de sondeos de verificación cada tres meses para analizar si el modelo en sí, y el proceso de aplicación, funcionan correctamente o merecen ser readaptados.

- Readaptación, en caso de ser necesario.

2. Fase de implementación:

- Aplicación progresiva del modelo por zonas geográficas: de la misma forma que no se puede tratar de resolver todos los problemas a la vez, tampoco lo es tratar de aplicar el modelo en todo el barrio desde un principio. Se recomienda una aplicación focalizada para después ir ampliando el alcance de las medidas según los éxitos logrados hasta ese momento en la Microzona piloto.

- Reparto de responsabilidades: la dirección del barrio deberá verificar que el director del Centro comunitario, o de otro órgano de la misma naturaleza y categoría, está interesado en encabezar y aplicar el modelo. Una vez obtenido su apoyo, y junto con el "**MULTIPOL©**", deberá abrir un CPC (ver capítulo 6) para dar cabida al agente policial y a los vecinos voluntarios. La dirección del barrio deberá participar también en todas las reuniones sobre el proyecto. La Policía a cargo del distrito deberá por su parte seleccionar a uno de sus agentes para la función de jefe del CPC y dotarlo con todos los medios necesarios descritos en el capítulo 5 para que pueda cumplir con su misión. A través de su agente comunitario, deberá asimismo preparar los planes de prevención, y hacer pública la aplicación del modelo con la ayuda de medios de comunicación locales y barriales.

- Responsabilidad conjunta en la decisión de definir las etapas de aplicación del modelo en el terreno, repartir responsabilidades y ejecutar el plan de acuerdo a las funciones atribuidas a cada socio de la alianza.

3. Fase de verificación:

Como cualquier otro modelo, el de "Barrio Seguro" debe estar sometido a una verificación constante de su aplicación y de los objetivos para garantizar que avanza satisfactoriamente hacia las metas planteadas. Desde la fase de planificación deberá existir información de base y parámetros que permitan medir el éxito del programa de tanto en tanto, sobre todo antes de plantear su extensión a otras zonas geográficas dentro del barrio y, hacia el final, su incorporación al modelo de "Comunidad Segura" de alcance nacional.

MODELO 2: Plan de acción "Comunidad segura"

Características generales del modelo. - El modelo "Comunidad Segura" es de aplicación mucho más extensa que el de "Barrio seguro", que trata de obtener resultados a corto y mediano plazo en un entorno barrial determinado. Es un modelo extenso y detallado que requiere un análisis meticuloso de la situación en el terreno, y cuyos resultados se verán únicamente a largo plazo si bien serán más estables a lo largo del tiempo. Su base orgánica es amplia por lo que las alianzas, los acuerdos de colaboración y el mantenimiento de orden jerárquico adquieren una importancia suprema. El modelo, que trata todo tipo de violencia y comportamientos anti normativos, es sistémico y abarca varios problemas de envergadura a un mismo tiempo.

Coyuntura del entorno. - Aplicable a entornos de grandes proporciones en los que el comportamiento antisocial es notorio, la delincuencia y violencia son generalizadas, y el vandalismo afecta a la comunidad en su conjunto. La impunidad ha echado raíces debido a la ausencia de denuncias a la policía, y la intervención de ésta es reactiva y no preventiva.

El clima de inseguridad se acentúa por la descoordinación entre los organismos que deben tratar los problemas, y cuando lo hacen afrontan un solo tipo de violencia y trabajan con grupos sociales marginales sin contemplar la integración social. En el entorno se respira la ausencia de autoridad a todos los niveles, así como la falta de planes que incentiven la tolerancia y erradiquen las expresiones de violencia, que son percibidas como un síntoma de otros problemas y no como un problema en sí mismo. La acción de los organismos hacia el menor está dirigida hacia la defensa inapelable de sus derechos, pero no aborda en ningún momento sus obligaciones.

Objetivo general. - Generar un cambio social y cultural generalizado luego de haberlo conseguido en las distintas Microzonas, que contribuya a un clima de seguridad y a una nueva realidad en el que reine el imperio de la ley y el orden, el respeto al prójimo, la tolerancia, el diálogo y la negociación como únicas vías para la solucionar diferencias, y el respeto a los derechos humanos.

Objetivos integrados. - Reducir gradualmente los fenómenos de características violentas, la delincuencia juvenil y cualquier otra actividad ilegal en la zona; intensificar la sensación de seguridad personal de los habitantes de la Microzona mediante la creación de una infraestructura urbana eficiente de lucha contra la violencia y la delincuencia, es decir, organizar, coordinar e integrar todas las acciones y actores que actúan en cada zona.

Estrategia general. - Trabajar con programas de prevención, especialmente en el campo de violencia juvenil, y mediante la consolidación de un eficiente entramado de alianzas con todos los entes gubernamentales y sociales que trabajan en la zona.

Tácticas de acción y herramientas básicas. - por el alcance que tiene, el modelo debe estar encabezado por la más alta autoridad del distrito municipal o alcalde, el único con capacidad para mover todos los engranajes necesarios y garantizar la estabilidad de las alianzas entre todas las organizaciones a lo largo del tiempo. El modelo exige la participación de todas las organizaciones y agencias que actúan en la zona y una visión de "tolerancia cero" hacia la actividad delictiva y la violencia. La táctica para conseguir el repudio de la ciudadanía a estos fenómenos pasa ineludiblemente por fomentar las denuncias a la policía y destacar ante la sociedad la gravedad de ciertos fenómenos incluso en el caso de que los delitos no sean denunciados oficialmente. El modelo demanda un regreso a la más estricta disciplina, sobre todo en la relación de autoridad y respeto que debe existir entre un maestro y un alumno, y entre padres e hijos.

1. Fase de planificación:

La envergadura del modelo convierte su fase de planificación en un arduo proceso de trabajo de recopilación de información, procesamiento de datos, búsqueda de aliados y recursos, elaboración de planes de prevención, y definición de objetivos a corto, mediano y largo plazo. El objetivo básico de esta fase es la creación y consolidación de un "mando unificado de intervención urbana" encabezado por el alcalde y una eficaz alianza de organizaciones públicas con líderes y representantes comunitarios que pueda generar un cambio dramático en la calidad de vida de los habitantes mediante la acción preventiva.

La Policía comunitaria es el aliado más importante del modelo "Comunidad Segura" y su representante en la zona formará parte de todo Comité de Pronunciamiento y de aquellas comisiones que se establezcan dentro de la alianza. En conjunto, todas las partes habrán de: a) definir en esta fase los problemas que aquejan a la comunidad, b) hacer una selección de los problemas más urgentes a abordar según un Cuadro de prioridades, c) formular el programa de trabajo en todos sus componentes (por dónde comenzar, alcance, calendarios, etc.) y d) coordinar la relación entre los aliados y el reparto de responsabilidades.

El plan de prevención debe contemplar, entre otras, las siguientes medidas:

- Mayor presencia y visibilidad de las organizaciones civiles y una intensificación de sus actividades para un correcto ejercicio de su autoridad.

- Campaña de difusión del plan que va a ser aplicado y de la idea de que, a partir de ese momento, el cumplimiento de la ley "no es una recomendación, sino una obligación".

- Prevención del aburrimiento y el vagabundeo juvenil para impedir la interacción negativa entre grupos callejeros.

- Medidas de acción, legales y civiles, para aquellos involucrados en la delincuencia y en la violencia.

- Alistamiento voluntario de vecinos en actividades por el bien de la comunidad, de forma que compartan la responsabilidad sobre la seguridad en su entorno tanto de sus bienes materiales como de sus seres queridos.

- Planes de reacción social a la violencia y para el tratamiento de aquellos que sufren secuelas de la violencia.

Los aspectos logísticos de la fase de planificación incluyen asimismo la realización de una meticulosa cartografía de la Microzona (ver "Carpeta de terreno" en el capítulo 9), la búsqueda de instalaciones para el CPC y de otras instalaciones comunitarias y sociales en las que mantener reuniones y llevar a cabo las actividades.

2. Fase de implementación:

La fase de implementación requiere el desarrollo de una sólida base social sobre la que poder aplicar el modelo con garantías de continuidad, que girará en torno a los cinco vértices fundamentales de la actividad preventiva:

a. **Liderazgo**: fomenta la visión colectiva por encima del interés individual, el compromiso con el entorno social, la participación en las actividades, el ejemplo personal, la capacidad de decisión con asertividad, la ética profesional, los valores básicos y derechos humanos, y el lenguaje consensuado en bien de todos los miembros de la alianza.

b. **Desarrollo humano y formación profesional**: este vértice del pentágono busca el desarrollo de las personas que forman la comunidad para ofrecerles nuevas posibilidades mediante la inculcación de conocimientos generales, la adquisición de herramientas cognitivas y todo tipo de formación profesional. El programa ha de comenzar por cambiar las posiciones negativas, desarrollar la capacidad de liderazgo de aquellos que participan en el programa, y su instrucción en las actividades en las que vayan a participar.

c. **Lenguaje uniforme**: consiste en dotar a todos los actores en el programa de un lenguaje común y homologado para que actúen en la misma sintonía, con los mismos objetivos y medios. El éxito del programa dependerá en gran medida de este lenguaje uniforme entre todos, de la homologación de expectativas y uniformidad de las actividades, así como del uso de los mismos códigos de comunicación entre ellos y con la población. Para ello es necesario la redacción del Código Ético (ver capítulo 9) y la evaluación periódica del proceso de implementación del modelo.

d. **Cooperación e integración**: otro de los vértices vitales para el éxito del modelo es la integración entre todos los actores, y su concienciación de que actúan juntos en pos de un bien común y colectivo. Es por ello imprescindible desarrollar la motivación, definir la naturaleza de las relaciones entre los distintos actores, dividir las responsabilidades y la autoridad, y analizar conjuntamente los casos extraordinarios que se excedan de las funciones atribuidas.

e. **Coordinación de datos, información y capacitación**: su objetivo es acumular información, procesar datos, distribuir entre los distintos miembros de la alianza y supervisar continuamente el modelo. También se encarga de la capacitación de los grupos de apoyo y de promover foros sociales de debate para dar a conocer las distintas actividades.

Los aspectos logísticos de la fase de implementación requieren por su parte la formación y consolidación de todas las estructuras orgánicas que deben regir el modelo, y que se dividen en dos grupos según su jerarquía:

- **Estructura a nivel nacional** (Comisión ministerial de lucha contra la violencia o Comisión nacional de pronunciamiento): estará presidida por el director general del Ministerio de Seguridad Interior u otro funcionario equivalente de su misma jerarquía, que contará con el apoyo de representantes de la Policía, de los Ministerios de Educación, Asistencia Social y Salud, y de la agencia nacional de lucha contra la drogadicción y el alcoholismo.

- **Estructura a nivel local** (Comisión local de pronunciamiento): estará presidida por el máximo representante del gobierno local, es decir el alcalde o titular de la comarca, acompañado del responsable de la ejecución del modelo por parte de la Autoridad Local, del policía comunitario a cargo de la Microzona, del director del Comité de Defensa Local, un asesor jurídico, un responsable de recursos humanos, un portavoz, un director de programas sistémicos, representantes (uno o más) de los vecinos y un funcionario de quejas públicas. Asimismo, la Comisión local de pronunciamiento deberá dar cabida a delegados de Educación y Asistencia Social.

Para poder realizar su trabajo con eficacia, la Comisión local de pronunciamiento tendrá a su disposición cinco comités que se encargarán en la práctica de la aplicación del modelo y que más allá de sus funciones particulares, compartirán la responsabilidad sobre la cartografía de la zona, la investigación de programas existentes, la identificación de problemas y necesidades, la definición del orden de prioridades, del acompañamiento y seguimiento de las actividades, y de la verificación y actualización del modelo. Estos comités deberán ser constituidos antes de comenzar a aplicar el modelo ya que son los encargados de definir las pautas de trabajo, intereses y objetivos.

- **Comité de Ejecución**: presidido por el "**MULTIPOL©**" su papel es la colaboración entre la autoridad local y la Policía comunitaria, la búsqueda y creación de alianzas, la aplicación de medidas de disuasión e inspección con la ayuda de medios tecnológicos, la preparación de una fuerza de reacción rápida y eficaz para eventos inesperados, la consolidación de grupos de vecinos voluntarios y la ejecución de cualquier medida destinada a crear un clima de tolerancia cero hacia la violencia y la delincuencia. Bajo su responsabilidad recae también el análisis constante de la situación en la Microzona, la elaboración de los planes preventivos, la apertura de un foro de debate de ejecución urbana dirigido por el policía comunitario, las campañas de difusión para alentar la denuncia de delitos, y el establecimiento de un centro de control y supervisión con cámaras de televisión por circuito cerrado y patrullas mixtas de vigilancia formadas por voluntarios de comercios, vecinos y agentes policiales.

El comité estará formado por un coordinador de Seguridad, otro de Inspección, Evaluación y Mediación, un director de Administración Civil, un asesor jurídico y delegados de los centros educativos, asistencia social, medioambiente y de la Patrulla de Padres (ver modelo 5 en el capítulo 11).

- **Comité de Educación**: presidido por el director de escuela tendrá entre sus objetivos la instauración de un claro modelo disciplinario en los centros educativos, en el que la autoridad se vea claramente en manos de los docentes y no de los alumnos. La comisión alentará sistemáticamente el diálogo como contrapeso a la violencia, aplicará planes preventivos especialmente adaptados a escuelas y entornos juveniles (ver capítulo 11), redactará normas de conducta claras y uniformes para todas las instituciones, capacitará al personal docente en métodos de enseñanza, ejercicio de la autoridad y protección, y estrechará el contacto entre padres y docentes para neutralizar la habilidad de los menores en aprovechar la falta de información entre ambos. La comisión tendrá a su disposición grupos de acción urbanos para hacer frente a posibles crisis.

El comité estará formado por delegados del Ministerio de Educación y la Policía comunitaria, directores de escuela y coordinadores de disciplina, encargados de jardines de infantes, consejeros educativos, trabajadores sociales, delegados de la Comisión de Padres de Alumnos, delegados del Consejo local Estudiantil y expertos en pandillaje.

- **Comité de Tiempo Libre**: presidido por el coordinador de Juventud del Centro comunitario tiene como principal objetivo ofrecer alternativas seguras e interesantes al tiempo que los jóvenes pasan desocupados y en el que están expuestos a actividades de gran estímulo individual y colectivo que muchas veces rayan en la ilegalidad o la inseguridad personal. El comité deberá promover actividades positivas, como el deporte o la artesanía, en las horas extraescolares y preparar planes recreativos para el verano y los feriados. La base de su actividad radica en líderes juveniles capaces de cambiar el entorno y en instructores de pandillas que puedan romper el efecto cohesivo que generan estas agrupaciones. Deberá tener a su disposición instalaciones de uso comunitario para dar cabida a los jóvenes en los tiempos de inactividad. Otra rama de su actividad es alentar programas especiales para jóvenes que abandonan los estudios y verificar que aquellos que entran en el círculo laboral reciben un salario de acuerdo a la ley.

El comité estará formado por el encargado local de los servicios de Educación No-Formal, el director del Centro comunitario, el "**MULTIPOL©**", líderes juveniles, delegados de centros educativos y del Ministerio de Educación, de la Comisión de Padres de Alumnos, del Consejo local Estudiantil, de la Autoridad de Lucha contra la Drogadicción y Alcoholismo, e instructores de pandillas.

- **Comité de Asistencia Social**: presidido por el director del Departamento local de Asistencia Social, sus atribuciones se expanden en una amplia gama de actividades preventivas y reactivas destinadas a ofrecer soluciones que contribuyan a frenar el cese de la actividad ilegal. Deberá encargarse de todos aquellos que estén involucrados en actividades violentas o penales, grupos marginales y de riesgo, de las víctimas, de casos que exijan internación en centros educativos especiales, y en general de la estimación de riesgos y peligros en la sociedad. Sus herramientas suelen incluir la apertura de un centro multidisciplinario para tratar todo tipo de violencia juvenil y una oficina de orientación de padres, así como la elaboración de planes contra la violencia terciaria en centros penales.

El comité estará formado por encargados de violencia en los servicios de Asistencia Social, trabajadores sociales, responsables del área de Juventud, delegados del Ministerio de Salud, de centros educativos, de la Policía comunitaria y de la Policía de Menores, así como de asociaciones y organizaciones que actúan en este campo de la actividad comunitaria.

- **Comité de Juventud y Comunidad**: presidido por líderes juveniles, el epicentro de su función es el enrolamiento de la comunidad en el modelo que se está aplicando y el desarrollo de un liderazgo sólido dentro de círculos juveniles que garanticen un cambio estructural en próximas generaciones. Por su estrecho contacto con el grueso de la comunidad, es el encargado de la implementación de medidas para la homologación del lenguaje a nivel social, de la difusión y propaganda del programa de acción, de la recopilación de datos e información en el terreno, del alistamiento de vecinos voluntarios para las patrullas urbanas y otras funciones voluntarias de seguridad, del desarrollo de alianzas con la comunidad y, en definitiva, de crear a nivel de calle un clima de rechazo a la violencia.

El comité estará formado por encargados de los servicios de Educación Formal y No-Formal, el director del Centro comunitario y su coordinador de Juventud, delegados de centros educativos y del Ministerio de Educación, representantes de la Comisión de Padres de Alumnos, instructores de Pandillas, líderes del Consejo Estudiantil y de la autoridad contra la drogadicción y el alcoholismo, y evidentemente el **"MULTIPOL©"**.

Estos comités serán los que se encarguen de llevar adelante todo el proyecto, que constará entre otros elementos y herramientas de un programa municipal de ejecución, un foro de control, patrullaje combinado, sitios de recreo bajo vigilancia, refuerzo de fuerzas de ejecución civiles, operaciones especiales y cualquier otro de prevención para erradicar la violencia de acuerdo a la cartografía de la zona y sus necesidades locales.

La financiación del presupuesto de la Comisión local de Pronunciamiento y de sus cinco comités de trabajo procede en distinta medida de los organismos públicos y de las organizaciones y agencias que toman parte en el modelo.

3. Fase de verificación:

Como en el modelo anterior de "Barrio Seguro", en el de "Comunidad Segura" el proceso de verificación es casi inmediato y circula en paralelo a las dos fases anteriores con el fin de que éste no se desvíe de su curso y pueda afrontar imprevistos o situaciones que no pudieron tenerse en cuenta en la planificación. Debido al mayor alcance de este modelo, a las numerosas variables a las que hace frente y a la necesidad de involucrar a más organizaciones que en el anterior, su implementación puede variar considerablemente con respecto al calendario previsto, y siempre de acuerdo a las necesidades en el terreno, la disponibilidad de recursos y las burocratizaciones de cada sociedad. Un calendario óptimo para su aplicación es:

Semanas 2-4 - Construcción del sistema organizativo
- Comisiones nacionales y locales de pronunciamiento.
- Comité compuesto por profesionales de las organizaciones aliadas en cada materia.
- Dirección del programa a nivel nacional y local.

Semanas 5-8 - Cartografía de la Microzona
- Características sociodemográficas.
- Cartografía de delitos.
- Orden de prioridades.
- Limitaciones y restricciones.

Semanas 9-10 - Preparativos del programa a nivel general
- Programación macro del modelo de prevención.
- Descripción de necesidades y atribuciones.
- Comité de aprobaciones compuesto por representantes de las organizaciones aliadas.
- Análisis de recursos disponibles.
- Financiación.

Semanas 11-18 - Aplicación práctica del modelo
- Búsqueda y alistamiento de recursos humanos.
- Creación de las infraestructuras.
- Ejecución del modelo de manera gradual en sus distintos módulos.

Semana 18 en adelante - Medición y evaluación (feedback)
- Estimación de resultados en comparación con las expectativas definidas en la fase de planificación.
- Examen permanente de las metas fijadas en el programa en todas sus fases y facetas.

MODELO 3: Tecnología del Espacio Abierto (OST)

Modelo de aplicación mucho más focalizada que los anteriores, de menor alcance y que puede formar parte de los planes anteriores es el conocido por el nombre de Tecnología del Espacio Abierto *(Open Space Technology)*, ideado como técnica asamblearia con fines corporativos pero cuyo uso se ha expandido en los últimos años hasta alcanzar el ámbito comunitario. Este sencillo, pero efectivo, modelo constitutivo fue puesto en práctica en 1985 por el estadounidense Harrison Owen, y en su fundamento no es otra cosa que un mecanismo de reunión sin agenda en la que los participantes (a los efectos de este libro, los vecinos) deciden los temas que quieren tratar y sugieren cómo resolverlos mediante grupos de estudio y de trabajo. La parte convocante sólo estipula la razón de ser y objetivo de la reunión, dejando que los propios participantes eleven las propuestas, contrasten ideas y propongan los planes de acción, siempre, claro está, dentro de los límites de la realidad. El formato puede ser empleado a efectos comunitarios para que los vecinos traten en asamblea temas de liderazgo comunitario, intervención colectiva, activación vecinal, consideración de opiniones diversas, controversias, formación espontánea de grupos de trabajo y, lo más importante, participen en su propio bienestar.

La modalidad de trabajo es tan amorfa como el modelo en sí, pues sólo en la reunión se decidirán las pautas a seguir y serán de hecho los participantes los que las decidan. En cualquier caso, se recomienda que sea el Centro comunitario de la Microzona el que actúe como convocante y dé los primeros pasos frente a los medios de comunicación para difundir la existencia de la reunión y sus objetivos.

En este taller de un día de duración los vecinos expondrán los temas de orden comunitario que tengan interés en mejorar y que, a su criterio, carece en esos momentos de soluciones prácticas. La sesión puede prolongarse más de un día, pero sin que pierda su objetivo inicial -la búsqueda de soluciones-, por lo que es recomendable que los organizadores del encuentro pasen un curso especializado sobre la aplicación de esta técnica de trabajo. Un fracaso a la hora de sacar conclusiones y obtener el consenso de los vecinos puede convertirse en una trampa y tener un efecto bumerán para otros programas de acción que requieran la participación del público.

Los aspectos logísticos del modelo requieren únicamente una sala amplia con cabida para más de cien personas y extensas paredes o paneles en los que colgar las preferencias, presentaciones y sugerencias de cada participante. El número de participantes se desconoce hasta el mismo día porque es una convocatoria abierta de forma que conviene preparar de antemano lugar y sillas de reserva. El espacio deberá ser completamente abierto -sirve, por ejemplo, una cancha de baloncesto-, y lo suficientemente cómodo como para que los participantes puedan pasarse libremente de un grupo de trabajo a otro, leer y debatir entre ellos cómodamente la información colgada en los paneles que, luego de una selección consensuada, pasará a análisis en trabajo grupal. Es importante conseguir una representación lo más variada posible de participantes como para que todos los grupos socioeconómicos estén presentes en la sala y, así, que las opiniones expresadas representen a un amplio espectro de la comunidad.

La sesión comienza con una presentación y explicación de las reglas del modelo por el organizador -conviene que sea el director del Centro comunitario o alguien conocido y respetado-, que hará también las veces de moderador a lo largo de toda la jornada. Asistentes de campo le ayudarán en la gestión de las sesiones con los asuntos burocráticos, pero sin olvidar en ningún momento que los verdaderos protagonistas son los vecinos.

En la primera fase los participantes deben proponer sus problemas y propuestas, para luego fusionarlos según áreas temáticas, similitudes y posibles relaciones de interdependencia. Líderes espontáneos dentro de la asamblea suelen generar corrientes de apoyo hacia una u otra propuesta, gestando grupos de trabajo que se encargarán de buscar las soluciones y de proponerlas a las autoridades relevantes en la comunidad. Es importante que, tras la fusión de propuestas, los participantes seleccionen como máximo una decena de temas sobre los que trabajar con el fin no que no se pierdan en la temática y desperdicien recursos. Igualmente, es fundamental que expresen un compromiso claro de seguir trabajando en ellos en bien de la comunidad[16].

---

[16] En Internet existen numerosas páginas con una descripción detallada de la historia y funcionamiento de la Tecnología del Espacio Abierto, con análisis de sus diferentes versiones y formatos de acuerdo a las necesidades y propósitos. Una de las páginas recomendadas es la de *"A Brief User's Guide To Open Space Technology"*, por Harrison Owen, en: www.openspaceworld.com /users_guide.htm

MODELO 4: Banco del tiempo

El Banco del tiempo es uno de los modelos más antiguos de actividad comunitaria y está destinado a ofrecer soluciones a los que no pueden pagarlas con dinero y que, por ello, tiene fuertes raíces "socialistas" y de compromiso social. El modelo adquiere una importancia vital en lugares en los que es difícil conseguir un voluntariado dispuesto a trabajar sin remuneración, sin que a los efectos de este libro sea particularmente importante conocer las razones de ese rechazo. A diferencia del voluntariado desinteresado, el Banco del tiempo se inspira en la premisa de que "todo aquel que aporta a la comunidad, recibe de la comunidad". Y lo hace con un concepto innovador que, sin dejar de ser un voluntariado, atrae a gentes de los círculos más diversos que hasta ese momento ni se hubieran planteado trabajar por el bien del prójimo.

La larga historia de la humanidad está llena de variados y numerosos tipos de técnicas y mecanismos que recuerdan con claridad el principio que guía el Banco del tiempo, es decir el trueque de servicios y prestaciones, el hacer un favor por otro. Pero no fue hasta los años ochenta del siglo XX cuando adoptó su denominación y mecanismos actuales. El proyecto se desarrolló en Italia como moneda de trueque entre mujeres que intercambiaban tiempo libre por actividades que requerían un esfuerzo físico, y poco a poco se fue extendiendo por los cinco continentes. Expresiones de este principio suelen aflorar de forma espontánea en momentos de crisis económica nacional en las que la población pierde capacidad adquisitiva y sus miembros intercambian aptitudes y tiempo que les permite "pagar" sin dinero y sin perder la dignidad al recibir ayuda de otros. Afloró en la Argentina durante la crisis del Corralito, y se vuelve a ver en algunos países europeos desde que estalló la crisis financiera mundial en 2008. La era del internet y las redes sociales han potenciado su uso y facilitado la conexión entre personas interesadas.

A efectos de la Policía comunitaria y de este libro, el Banco del tiempo no es propuesto como un fenómeno espontáneo en momentos de crisis, sino como un modelo estable de cooperación para alentar la solidaridad social a lo largo del tiempo y en todo tipo de entornos. Y lo hace mediante una red permanente de ayuda mutua y apoyo entre personas, grupos y organizaciones, y para ampliar el círculo de respuestas que ofrece la comunidad como unidad social y mediante el máximo aprovechamiento de las capacidades humanas de sus miembros.

Como su propio nombre lo indica, el Banco del tiempo no funciona con dinero sino con unidades intercambiables de tiempo -generalmente, la unidad "hora de servicio"- entre personas que requieren algún tipo de prestación y pueden hacer otra a cambio. Dado que cualquier persona tiene algún tipo de habilidad o puede ofrecer algún servicio, la aplicación del modelo es ilimitada. Más allá del beneficio individual de los participantes, a nivel colectivo sirve para mejorar la calidad de vida a través de la interdependencia comunitaria y de la responsabilidad compartida, generando una mayor cohesión social y un cambio económico en todo el entorno. Igualmente, contribuye a reducir el estigma de inferioridad en los grupos más desfavorecidos (su aportación al banco es la misma que la de cualquier otra persona), fomenta la igualdad entre donante y receptor (nadie hace favores a nadie), evita fenómenos de "patronización" y alienta la seguridad y confianza de las personas en sí mismas.

Básicamente el modelo aspira a un máximo aprovechamiento de los recursos humanos y aptitudes en la comunidad, tanto del tiempo disponible como de los conocimientos de sus miembros. El ejemplo más claro de desperdicio se aprecia en los jubilados con capacidad para seguir aportando a la comunidad. El modelo requiere en su fase inicial, y a lo largo de toda su aplicación, de una eficiente campaña de marketing para dar a conocer su existencia, las reglas del modelo y los servicios ofrecidos por cada participante, con el objeto de ampliar progresivamente la oferta y la demanda, y que el banco crezca en recursos. Un comité de dirección permitirá a los vecinos asumir las responsabilidades, diseñar el modelo según las necesidades locales, y corregirlo en momentos en los que pueda decaer[17].

El mecanismo exige a los vecinos depositar las "unidades de tiempo" que están dispuestos a entregar, el tipo de servicio que por un lado pueden prestar y por otro pueden necesitar para resolver sus propias necesidades. En principio ilimitado en temática, las actividades y servicios más comunes que se suelen intercambiar son tareas de atención a otras personas -niños, enfermos y ancianos-, pero también algunas de carácter profesional como reparaciones domésticas. Algunos ejemplos más concretos son:

- Acompañar a niños a distintas actividades
- Acompañar a personas mayores al médico
- Ayudar con laboriosos documentos burocráticos
- Pasar trabajos a computadora
- Cuidar animales o plantas
- Tareas y reparaciones domésticas
- Consultas profesionales
- Remiendo de vestimentas
- Cocinar
- Pequeñas reparaciones de coches
- Clases particulares a niños en edad escolar, etc.

---

[17] En Israel existe en las comunidades ultraortodoxas judías un tipo de actividad parecida, y digna de imitación, que consiste en el préstamo voluntario y desinteresado de enseres y hasta mobiliario por períodos indefinidos. Si alguien tiene algún objeto que otra persona pueda necesitar, éste sólo tiene que llamar a un número de teléfono del coordinador barrial y le indicará quién puede facilitarle el objeto requerido. El préstamo se efectúa entre personas desconocidas y con la buena fe como única garantía de que será devuelto. El servicio de préstamo, conocido como "Guemaj" -acrónimo hebreo de "Caridad", en la que tiene su origen- puede incluir desde una cuna en desuso hasta una cama, colchones, trajes de boda o incluso equipamiento médico. Su origen se remonta a siglos y siglos de tradición que obligan en el judaísmo al amor desinteresado por el prójimo y el mandamiento bíblico de ayudarle en todo lo que le sea posible.

Abierto a hombres y mujeres, adultos y jóvenes, el Banco del tiempo ha probado ser un alivio para muchas madres que se ven limitadas en sus quehaceres diarios por tener que cuidar de hijos o padres ancianos y sirve también para inculcar en menores un sentido de responsabilidad social hacia el prójimo que, además, los aparta de las calles en su tiempo libre.

Por su larga trayectoria y beneficios, este modelo ha evolucionado en dos direcciones, la una de carácter individual y la otra colectiva o sistémica. La **"Clásica"** o **"individual"** consiste en el formato tradicional del Banco del tiempo en el que los participantes ofrecen un servicio de forma individual de acuerdo a sus aptitudes y disponibilidad. Las actividades pueden ser orientadas por el coordinador del Banco a un determinado grupo social, si lo considera necesario.

En su formato **"colectivo"** o **"sistémico"** (grupos coordinados), el modelo cubre de forma global una operación que requiera la participación al unísono de un grupo de participantes a través de jornadas, talleres o "comandos de actividad", como por ejemplo grupos de reparaciones en casas de ancianos, talleres creativos, eventos de recreación, actos, etc. O, por el contrario, que un grupo reciba una clase de estudios específica de una única persona. La prestación de servicios se puede ofrecer también a entidades que tienen programados eventos y requieren de personal para su ejecución, siempre y cuando dicha entidad esté asociada al Banco del tiempo.

Por razones de verificación de candidatos y para que el proceso avance según las pautas preestablecidas de funcionamiento, la incorporación de una persona en el Banco del tiempo merece ser coordinada por algún responsable del modelo, de forma que los candidatos sean conscientes de las condiciones y el registro se haga de la forma más clara y eficiente posible. La intervención de un coordinador que revise las candidaturas y conozca personalmente las aptitudes reales de cada uno de los participantes resolverá a veces una excesiva concentración o escasez de un tipo determinado de servicio, reorientará los ofrecimientos en función de la demanda y verificará que no se incurre en el fraude (el cálculo de horas se suele registrar en tarjetas personales, aunque el método está abierto a casi cualquier sugerencia).

Pese a que no parece complicado, este modelo suele despertar numerosos interrogantes a la hora de su implementación, y aunque en gran medida las respuestas variarán en función de la coyuntura o Microzona, hay una serie de pautas básicas e inamovibles que, según los expertos que lo han aplicado, determinan su existencia:

a) **Donaciones de horas**: por su naturaleza el Banco del tiempo no contempla donaciones de horas de servicio, sólo su canje o intercambio; o sea que, si un candidato no requiere servicio alguno, tampoco podrá prestarlo de forma desinteresada.

b) **Saldo de horas**: como en cualquier otro banco la acumulación de horas de servicio por el candidato -en débito o crédito- será permisible, pero es recomendable no exceder el límite de 4 horas para no romper la base conceptual del modelo: obtener algo de la comunidad a cambio del servicio prestado. La acumulación excesiva de horas puede poner en peligro su devolución y generar malestar.

c) **La unidad de canje es siempre de "tiempo"**: Lo que es realmente relevante es la "hora recibida" por el beneficiario y no la "entregada" por el donante. Esta concepción es la espina dorsal del método, dado que en términos "económicos" la prestación de una hora de un dentista vale mucho más que la de un jardinero, por poner un ejemplo. Y debido a que en el Banco del tiempo la hora no tiene más valor que lo que dura, la hora del dentista y la del jardinero son idénticas y la prestación tiene el valor de lo que se tarde en hacer el trabajo requerido. Además, en el banco del tiempo los trueques no son de carácter individual y para ejemplificarlo tomaremos una hora de clases particulares de un maestro con un grupo de seis alumnos. La clase concederá al maestro un saldo positivo de tan solo una hora, que fue lo que duró su intervención, pero cada una de los seis receptores le deberá una hora al banco del tiempo, sumando un total de seis. De esta forma la que realmente se beneficia de ese trueque en particular es la comunidad.

MODELO 5: Edad Platino, de la jubilación al voluntariado

En un mundo en el que la perspectiva de vida ha conseguido superar los 80 años en la mayoría de los países occidentales, son muchas las personas que a la edad de la jubilación -generalmente, en torno a los 65 años- se sienten fuertes y lo suficientemente "jóvenes" como para prestar un servicio a la comunidad. En muchas sociedades occidentales también disponen de los recursos económicos suficientes como para no tener que preocuparse y que no sólo disfrutan de tiempo libre en cantidad sino también de los conocimientos y experiencia que puede dar toda una trayectoria de vida. El "**Modelo Edad de Platino**" está destinado precisamente a todas esas personas ya adultas que quieren dedicarse a actividades comunitarias.

Se trata de un modelo que también incluye entre sus filas a jubilados prematuros, como puede ser el caso de ex policías y ex militares (con una edad promedio de jubilación en torno a los 50 años) o jubilaciones anticipadas, producto quizás de situaciones de crisis económica como la que vive el mundo desde 2008. Encontrarse a esa edad en situación de completa desocupación puede convertirse para muchos en una trampa mortal anímica y física. Muchas sociedades han sabido afrontar este problema mediante la integración de estos jóvenes jubilados en organizaciones de voluntarios, bajo una fórmula que ha resultado ventajosa para ellos y para los que reciben su ayuda.

Estos voluntarios realizan por ejemplo labores de acompañamiento en la vía pública, así como actividades y conferencias de prevención de violencia contra poblaciones desfavorecidas. Una de las actividades más populares en Israel que realizan es la de vigilar cruces y calles frente a los colegios, con el fin de garantizar la seguridad de los más pequeños. El propósito general del modelo es proporcionar al jubilado un marco de actividad con el que contribuya a la sociedad y con el que sienta que todos los conocimientos acumulados a lo largo de la vida pueden ser aplicados en beneficio de otras personas.

Un ejemplo de su desarrollo es el programa "Platino en el jardín de infantes", que fomenta la participación de jubilados en las guarderías. Este plan no sólo supone un refuerzo de mano de obra en los centros educativos, sino que también influye en la promoción del respeto hacia las personas mayores por parte de los menores. Como parte de este programa, los voluntarios se comprometen a una prestación de tres horas semanales para trabajar en el jardín junto a la maestra jardinera.

El programa requiere una formación mínima, tres sesiones, en las que participan tanto la maestra jardinera como el/la voluntario/a. En ellas se establece el primer vínculo personal y profesional entre los distintos aliados, es decir, mucho antes de comenzar a la aplicación práctica del modelo. El objetivo primordial del programa es reforzar el personal en las guarderías y entre los objetivos secundarios figura el de inculcar en los menores, desde una edad muy temprana, un sentido de generosidad: el ejemplo de "dar sin recibir" nada a cambio.

El gran potencial humano y de conocimiento que concentran los jubilados de cualquier sociedad, sobre todo en los primeros años en los que suelen disfrutar aún de plenas facultades físicas y mentales (de 50 a 65 años de edad), es una fuente inagotable de recursos, y los programas en los que participan por todo el mundo son muy variados. Otra fórmula aplicada con éxito en Israel ha sido la de involucrarlos en la prestación de servicios en la escuela primaria y secundaria. Los jubilados llegan regularmente a los colegios para enriquecer al alumno en temas de su conocimiento, y lo hacen tanto en horas de clase como en recreos. El efecto que tienen muchos de estos voluntarios sobre los niños es increíble, y hasta se convierten para muchos en algo así como un "gran abuelito" al que recurrir en busca de ayuda. El proyecto comienza al iniciarse el ciclo lectivo y continúa todo el año.

La contribución de los jubilados no se limita al área escolar. También pueden ser enrolados para mejorar la calidad del medioambiente, una función que requiere una formación mínima en conceptos básicos como reciclaje de residuos y desarrollo sostenible. Dada la importancia global del tema, los voluntarios de este modelo pueden ser activados tanto a nivel local como a nacional. Otro programa es el "Platino turismo", particularmente destinado a voluntarios que hablan idiomas. Los voluntarios prestan servicios de ayuda en zonas turísticas bajo la tutela de órganos gubernamentales locales y nacionales, con el objetivo del mejorar el trato al turista y alentar esa fuente de ingreso nacional. También pueden ser destinados a la vigilancia de espacios turísticos con el fin de mantenerlos en mejor estado.

MODELO 6: Día de Policía y Comunidad

Más que un modelo preventivo como tal, el Día de Policía y Comunidad es una herramienta de conocimiento mutuo para tender puentes entre el agente comunitario y el vecindario. Puede ser aplicado en el marco de los modelos como táctica de acercamiento a la población, o sencillamente de forma independiente para alentarla a colaborar con la Policía.

Esta iniciativa es programada, dirigida y organizada por el "**MULTIPOL©**", generalmente como finalización de algún modelo llevado a cabo o con el fin de reforzar los lazos con sus "clientes". En el evento tomarán parte representantes de las distintas ramas de la Policía para que expliquen las funciones de su departamento, expongan las labores que realizan en su día a día, y exhiban al público todo tipo de pertrechos, equipos y vehículos a su disposición. El objetivo es crear un ambiente de acercamiento, aceptación y legitimación mutua entre la Policía y la Comunidad, y que será activado por la acción sinérgica que el evento en sí produzca.

En caso de que, por razones de calendario o presupuestarias, no se pueda organizar un evento separado, el Día de Policía y Comunidad puede ser incorporado a otro acontecimiento comunitario de envergadura, y a ser posible, de gran concurrencia.

Preparativos: en la "Carta de Ordenanza Operativa" o memorándum de todo modelo el "**MULTIPOL©**" debe dedicar un apartado especial para el Día de Policía y Comunidad, en el que especifique de forma clara la fecha, hora y lugar, y las instituciones que participarán en la organización. En la elección de la fecha y la hora han de tenerse en cuenta la disponibilidad de público, y en la del lugar que sea fácilmente accesible. Si al evento son invitadas otras organizaciones (Cruz Roja, Bomberos, etc.) para enriquecer la experiencia de los ciudadanos, habrá que tener en cuenta su disponibilidad y necesidades logísticas.

Logística: localizar un lugar lo suficientemente espacioso como para albergar una exposición de vehículos policiales, exhibiciones de la Policía Montada y la Canina brindando espacio a los vehículos de otras organizaciones que se sumen a la iniciativa (bomberos, ambulancias...). Debe contar también con comodidad para los espectadores, y el jefe de la Policía comunitaria tiene que preocuparse de anunciarlo debidamente y con la antelación suficiente a través de los medios de prensa y otras vías de comunicación de masas (panfletos, carteles...).

Seguridad: será necesario establecer controles de vigilancia a la entrada del lugar, en la periferia y en el estacionamiento, y habilitar salidas de emergencia.

Primeros auxilios y extinción de incendios: disponer una posición de primeros auxilios y extinción de incendios en una zona claramente distinguible y accesible.

Limpieza y actividad comercial: coordinar con el municipio la limpieza del lugar antes y después del evento, así como el despliegue de inspectores urbanos que regulen la actividad comercial en el entorno de la exposición. Un descontrol en el número de vendedores ambulantes puede obstaculizar y entorpecer el buen desarrollo del evento.

Desarrollo de la actividad: determinar el orden de oradores y que el agente policial comunitario ("**MULTIPOL©**") esté a cargo de presentarlos al público.

Medición y evaluación del éxito: el índice de participación ciudadana será el indicador más exacto sobre el éxito de la actividad y el que refrende los lazos establecidos con la comunidad. Si el programa se realiza en coordinación con instituciones escolares, o incluso dentro de alguna de ellas a una escala más limitada, se sugiere la idea de que los alumnos hagan un trabajo alusivo del que obtener datos sobre su éxito en tender puentes con el vecindario. Otra forma de mediación es con la apertura de un mostrador de inscripción a la Seguridad Comunitaria que aliste a nuevos aspirantes a voluntario.

11. Violencia juvenil
Tipos y modelos de prevención

El gran científico judeo-estadounidense Albert Einstein solía decir, muy acertadamente, que la "educación es lo que queda después de olvidar lo que uno ha aprendido en la escuela". En otras palabras, la apuesta de futuro de una sociedad debe apuntar principalmente hacia la máxima ampliación posible de la base educativa de sus jóvenes. La construcción de una juventud sólida, educada y comprometida con su entorno es la única garantía de progreso y paz social, de una comunidad ajena a la violencia y en la que todos sus miembros disfruten de los derechos básicos y cumplan con las obligaciones individuales y colectivas.

Hasta alcanzar ese objetivo, se hace también primordial luchar contra cualquier forma ya existente de violencia que aqueje a la sociedad, y que en muchos casos tiene su origen en círculos juveniles, los más propensos a dejarse llevar por comportamientos anti normativos en su tradicional lucha por sobrevivir dentro de entornos hostiles y muchas veces opresivos en los que reina la demanda y ambición de poder. La violencia juvenil es sin duda un elemento decisivo para el bienestar del entorno social, y la escolar un elemento decisivo de la juvenil, con la que además se encuentra en relación de interdependencia pues ambas se nutren mutuamente. Por el entorno cerrado en el que se desarrolla -las instituciones educativas-, la violencia escolar es mucho más abordable con planes de prevención de la que se desarrolla en las calles. Es obvio, por otra parte, que la una es reflejo de la otra y viceversa.

Los estudiosos de este tipo de fenómenos sociales formulan cuatro expresiones genéricas de violencia:

- **Física**: golpes, empujones, apuñalamientos, etc.
- **Verbal y/o social**: insultos, extorsión, etc.
- **Psicológica**: acoso, boicot, aislamiento, etc.
- **Material**: destrozo de propiedad, pintadas, robo, etc.

La **intimidación** o "***bullying***" (fenómeno también conocido como acoso escolar), es el común denominador de los cuatro tipos de violencia, y cuando echa raíces en las escuelas es particularmente preocupante porque acaba rompiendo el esquema de autoridad y disciplina que debe regir en todo centro escolar. Otro denominador común es la aspiración del infractor a conseguir poder e influencia en su entorno social más inmediato. En cualquier caso, la consecuencia será una erupción de mayor violencia si el afectado o víctima reacciona, o de temor y persecución si no se ve en la capacidad de hacerle frente.

A lo largo de décadas de estudio e investigaciones, los psicólogos no han conseguido ponerse de acuerdo sobre las razones que conducen a este comportamiento anti normativo. La corriente freudiana[18] ve en la agresividad una cualidad innata del ser humano, empujado a actuar de acuerdo a instintos primitivos internos, de supervivencia (hambre, sed o sexo) y de muerte. Por su parte, Albert Bandura (1925-) ve sus orígenes en un aprendizaje social y cree que la agresividad es un tipo de reacción

---

[18] Sigmund Freud (1856-1939), padre del psicoanálisis y uno de los intelectuales más reconocidos del siglo XX.

aprendida a través de la observación del prójimo y la imitación de sus conductas. Dan Olweus (1931-) definió el término *"bullying"* y sostiene que, en cualquier circunstancia, la agresividad demuestra en el agresor una deficiencia en sus habilidades sociales para comunicarse o negociar sus deseos.

Actores cruciales en la lucha contra el acoso

Se puede combatir el *bullying* de muchas maneras, pero siempre con la ayuda de los mismos cinco actores: la familia, la escuela, la comunidad, el joven y, cómo no, el "**MULTIPOL©**". Existen muchas técnicas y mecanismos que ayudan a superar esta lacra de la sociedad moderna y que pueden resumirse de acuerdo al escenario en el que han de implantarse.

En el seno **familiar**, la labor de los adultos consiste en concebir un ambiente en el que el niño se sienta aceptado y querido, y en crear una atmósfera hogareña que transmita "valores humanos". Fortalecer un diálogo fluido y exento de reproches entre padres e hijos, y buscar elementos que motiven al joven a preferir el calor hogareño a la independencia callejera, son también estrategias básicas para combatir el fenómeno.

La **escuela** es, sin duda alguna, el otro escenario decisivo para luchar contra el *bullying*, y no sólo porque es uno de los caldos de cultivo que más lo alienta. Las amenazas entre escolares son parte del lenguaje habitual por la supervivencia y muchos jóvenes se ven en ese contexto en condiciones extremas por una mera rivalidad social. Las dificultades y cambios que arrastra la adolescencia no son ajenas a nadie, y para facilitar el paso por esa etapa de la vida, el sistema educativo debe ponerse al día con los cambios sociales contemporáneos. No hacerlo significa eludir los problemas, y consecuentemente, ceder el terreno a la supervivencia del más fuerte. Todo ello se puede combatir mediante un diálogo constructivo y sincero entre maestros y alumnos fuera del aula (en recreos, sesiones de diálogo privadas, o incluso llamadas telefónicas domésticas) y siempre bajo una estricta regla: el maestro debe mantener una completa equidad con todos sus discípulos sin renunciar emocionalmente a ninguno. Dar por perdido a un alumno -como se solía hacer hace años con un mal estudiante o con aquellos que mostraban rebeldía o violencia- tiene un precio social altísimo, cuando la solución está verdaderamente en encontrar la fórmula para llegar a él y devolverlo al comportamiento normativo. En este proceso juegan un papel crucial los llamados "centros de educación alternativa" (descritos al final de este capítulo), un espacio que previene la deserción escolar, ofrece al alumno en dificultades refuerzo anímico y escolar, y que, en definitiva, ayuda a impedir la violencia originada en la frustración y los sentimientos de inferioridad que genera el fracaso escolar. Otra herramienta es alentar la participación de los padres en la actividad escolar e introducirles en esa otra vida que muchos adolescentes tienen fuera del hogar y de la que los padres no suelen tener constancia. Es importante tener en cuenta también que ninguna de las técnicas sugeridas contempla la erosión de la distancia que debe haber entre un maestro y su alumno, sino todo lo contrario. Todas ellas están destinadas a instaurar y reforzar la autoridad del docente sobre el alumno, pero no mediante la imposición, sino haciéndose acreedores a la misma, es decir, ganándose el respeto del adolescente.

La **comunidad** es el tercer actor de toda actividad preventiva con los jóvenes. Sin ella es casi imposible sacar adelante procesos correctores contra la violencia o el *bullying*, porque el clima social de respeto mutuo necesita el apoyo generalizado del entorno. Las medidas introducidas en la familia y en las escuelas no serán suficientes si en la calle el adolescente debe aún combatir por su supervivencia. Por ello, la comunidad ha de fomentar un clima de respeto que premie el rechazo a la violencia y transmita permanentemente valores humanos y de responsabilidad social -adaptados naturalmente a la conciencia juvenil-. Técnicas prácticas para hacerlo demandan un mayor involucramiento de la juventud en la solución de los problemas comunitarios; movilizar a padres y profesionales a escenarios juveniles en los horarios y lugares donde la juventud interactúa; y lo que no es menos importante, ofrecer alternativas a los jóvenes. Este último factor es quizás el más decisivo para mantener ocupado al joven y evitar que, en su tiempo libre, se busque a sí mismo "emociones" fuera de la legalidad.

El cuarto elemento son los **jóvenes**, que han de adoptar una responsabilidad y compromiso personal de rechazo tajante a la violencia. Esto incluye el repudio a ser víctima o victimario mediante la denuncia de abusos personales y a terceros, prestando asistencia a estas víctimas silenciosas. La sumisión voluntaria a la autoridad de los maestros y de los padres es vital para generar un cambio.

Finalmente, el "**MULTIPOL©**" es quien carga con la responsabilidad de supervisar y seguir este tipo de fenómenos sociales y de presentar los modelos preventivos para las escuelas que ayuden a contrarrestarlo. Lo hará mediante la inspección periódica de establecimientos juveniles para evitar el consumo de drogas y alcohol, reaccionando a la violación de las leyes por los jóvenes de una manera más indulgente que con los adultos y, en la medida de lo posible, siempre ofreciendo segundas oportunidades en casos que lo merezcan. Una postura diametralmente opuesta a la que habrá de mostrar frente a adultos que inciten a la juventud a la delincuencia o al consumo de productos prohibidos. En el plano preventivo, el agente debe contribuir a evitar los "etiquetamientos" y prejuicios sociales, alentar a un diálogo franco y abierto con los alumnos (una propuesta es hacerlo en los recreos en la llamada "Ventana al policía" - ver el Modelo 3 en este mismo capítulo) y trabajar decididamente con jóvenes de alto riesgo tanto en las escuelas como en las calles. De la misma forma que el maestro no debe dar por perdido a ninguno de sus alumnos, el policía comunitario ha de agotar todos los recursos preventivos a su disposición antes de volcar todo el peso de la ley en un adolescente o joven que incurra en comportamientos inaceptables.

Independientemente de las explicaciones de expertos, psicólogos o incluso de las que sugiere este libro, la escuela es el epicentro de la actividad preventiva. Una sociedad sana debe aspirar a la erradicación de cualquier tipo de violencia en los centros educativos -sea hacia alumnos, profesores o personal adjunto-, y adoptar una política de tolerancia cero hacia la violencia porque lo contrario conducirá a una legitimación de la fuerza como forma de vida. Es una condena no sólo para el agresor, sino para toda la sociedad.

Para la víctima, que no suele hacer partícipe de su situación a los adultos y, por lo tanto, no recibir ni el apoyo psicológico ni las herramientas necesarias con las que hacer frente al agresor, el daño a largo plazo incluye desde el miedo a ir a la escuela hasta el aislamiento social, pasando por dificultades de aprendizaje y concentración, daño a la salud, sentimientos de venganza y hasta pensamientos de suicidio. Cualquier acción preventiva debe pues comenzar por una mayor concienciación de los docentes y de los adultos a la hora de detectar esos alumnos que, inexplicablemente, se ausentan del aula con una frecuencia atípica a su conducta normal; que son menos activos en el entorno general; que muestran mayor timidez; y que se disocian de la realidad encerrándose en sí mismos. Detrás de estos comportamientos puede esconderse algún tipo de acoso y, si ése es el caso, deberán exhortarle a comunicar su problema abiertamente.

La solución a largo plazo radica en un proceso conjunto de cambio por iniciativa de la dirección escolar y la Policía comunitaria, y que se funde e inspire en:

- Objetivos claros y medibles.
- Reglas claras de comportamiento en las escuelas.
- Reactivación de la responsabilidad personal por parte de docentes, padres y alumnos, devolviendo la autoridad al maestro.
- La inmunidad psicológica del alumno a este tipo de fenómenos, más que en la reacción al agresor.

- Un clima de protección en todos los ámbitos y espacios de la escuela.
- Valores de respeto, tolerancia, contención y responsabilidad individual y colectiva.

Un buen clima de amistad y compañerismo en el colegio, la acción preventiva de distintos aliados en la lucha contra la violencia, y el fomento de conductas normativas, acabarán por reducir la violencia y eventualmente erradicarla por completo. Los programas de prevención comienzan en el jardín de infantes y se prolongan hasta el último año de bachillerato, por lo que requieren una acción conjunta de la Policía comunitaria con la dirección de cada centro escolar y con las autoridades educativas del distrito. El agente debe tener acceso a los centros y a la información necesaria para crear el modelo más apropiado, que estará sujeto en todo momento a cuatro fases:

a) Construcción del modelo de acuerdo a la realidad y necesidades de cada centro escolar.

b) Aprobación por la dirección del centro y consentimiento a la participación del personal docente.

c) Aprobación por la Comisión de Padres de Alumnos y consentimiento para que sus representantes participen activamente en la implementación.

d) Presentación del modelo por el agente comunitario y el director de centro escolar al personal docente para que actúen de forma homologada a las expectativas del programa de trabajo.

Es importante insistir en que todas estas fases deben incluir la participación, siempre de acuerdo a las exigencias del momento, de los actores centrales en la lucha contra el *bullying*. La familia, la escuela, la comunidad, el joven y el "**MULTIPOL©**" forman un entramado básico para cualquier solución o programa, más allá de la contribución de las autoridades educativas, sociales y policiales desde instancias más altas.

MODELO 1: "Mi policía y yo" (Jardín de infantes)

El objetivo del modelo es inculcar en los más pequeños unas reglas básicas de conducta para potenciar su seguridad personal y la de la comunidad mediante un enfoque preventivo y de buena ciudadanía. El modelo busca asimismo familiarizar a los niños con la actividad policial, desarrollar en ellos una actitud de identificación hacia la labor del "**MULTIPOL©**", ofreciéndoles un vínculo personal con él que en el futuro se traduzca en una relación, no de amistad, pero sí de confianza plena. La aplicación del modelo exige la completa cooperación de la maestra jardinera y la de los padres, ya que sin su colaboración estará destinado al fracaso.

En la fase de planificación, el agente comunitario concertará una reunión con la maestra para definir los puntos de importancia para las dos partes y conocer las características personales de los alumnos y de sus familias, es decir: nivel socioeconómico, posibles problemas de drogas, violencia y otros dentro del ámbito familiar. Esta información permitirá al conferenciante elegir las herramientas pedagógicas correctas a la hora de encontrarse con los alumnos y nivelar la información sin herir a ningún niño ni confundir a los pequeños.

Es recomendable también la creación de un clima propicio en el aula que disipe cualquier temor o prejuicio infantil de la presencia policial. Una técnica común es la entrega con anterioridad a la maestra de elementos típicos del policía (uniforme, gorra, etc.) para organizar una pequeña exposición en la que los alumnos se familiaricen con el tema policial y vaya despertando su sed de saber más. La participación de padres en esta presentación, y en las sesiones en las que participe el policía, contribuirá también a distender el ambiente y comenzará a generar confianza en el agente.

La fase de implementación consta de un programa de trabajo anual de ocho encuentros a intervalos (un encuentro cada 45 días aproximadamente) en los que el policía hará sus presentaciones frente a los menores. Para no cansar a niños tan pequeños en los que la capacidad de concentración aún no está plenamente desarrollada, los encuentros serán cortos (unos 20 minutos), y en la medida de lo posible se celebrarán en la segunda o tercera hora del día, cuando están lo suficientemente despejados para tomar parte en la actividad. El papel de la maestra y de sus ayudantes durante la presentación se limitará a intervenciones disciplinarias.

La **temática de los encuentros** consta de:

1er encuentro	Presentación personal del policía comunitario, información básica sobre los equipos a su disposición, uniforme y labor policial.
2º encuentro	Cómo cuidarse de personas extrañas en la calle.
3er encuentro	El camino más seguro de la casa al colegio y del colegio a casa.
4º encuentro	Aproximación a un patrullero policial.
5º encuentro	Sustancias nocivas en la calle.
6º encuentro	Comportamiento seguro dentro de un vehículo.
7º encuentro	Comportamiento seguro en la calle y lugares más apropiados para jugar.
8º encuentro	Al final del año lectivo, como culminación del curso, se llevará a cabo el modelo "Día de Policía y Comunidad" (Modelo 5, capítulo 10), bien en un entorno netamente de escolares o con el resto de la población de la Microzona.

En conjunto, todo el programa creará en este grupo de menores, que son los más frágiles, sensibles y vulnerables, una sensación de comodidad frente al agente policial en todas sus versiones. Es decir, que no sólo les inculcará conocimientos para preservarles en entornos seguros, sino que les ayudará a erradicar prejuicios y confiar en él.

MODELO 2: "Seguros desde la básica" (Escuela primaria)

Se trata de un programa rotativo de seis años de duración (o los que dure la escuela primaria en cada país) en el que cada clase de alumnos dedicará varias horas de estudio a tres temas: el primero relacionado con la policía y las instituciones nacionales; el segundo con la seguridad individual y pública; y el tercero con comportamiento normativo, siempre tocando temas de acuerdo a la edad de los alumnos. Cada tema del programa consta de tres encuentros, por lo que en total cada clase tendrá nueve encuentros anuales con el agente policial. Cada sesión tiene una duración de tres horas y se divide en tres partes: introducción a cargo de la maestra, presentación a cargo del uniformado, y conclusiones de los alumnos con inducción de la maestra.

La **temática,** por niveles y trimestres, consta de:

- **Primer grado:**

    El policía: función y equipos
    Seguridad camino de la escuela
    Conductas violentas: respuestas

- **Segundo grado:**

    Misiones de la Policía
    Seguridad dentro del coche
    Robos en el colegio

- **Tercer grado:**

    El "**MULTIPOL©**"
    Objetos peligrosos
    Vandalismo juvenil

- **Cuarto grado:**

    Ley y orden
    Personas sospechosas
    Violencia contra animales

- **Quinto grado:**

    Autoridades nacionales
    Juegos y juguetes peligrosos
    Informar vs. delatar

- **Sexto grado:**

    Funciones de la Policía
    Uso seguro del Internet
    Responsabilidad penal

Al final del año lectivo, como culminación del curso, se llevará a cabo el modelo "Día de Policía y Comunidad" (ver Modelo 5 en el capítulo 10), bien en un entorno netamente de escolares o con el resto de la población de la Microzona.

MODELO 3: "Escuela segura" (Secundaria)

La aplicación de este modelo tiene en cuenta la edad en la que el menor comienza a tener responsabilidad penal frente a la sociedad -en Israel los 12 años-, y el vertiginoso crecimiento de faltas e infracciones por parte de los alumnos en la adolescencia y la juventud, sobre todo en los delitos menores relacionados con la destrucción de propiedad pública. La escuela secundaria constituye en ese sentido una herramienta esencial para educarlos en el respeto y la tolerancia. No es una exageración el afirmar que supone una ventana de oportunidades para construir una sociedad sana. Su objetivo es elevar la concienciación de docentes, padres y alumnos mediante un programa de acción que imponga un clima de tolerancia, rechazo al delito y seguridad dentro y fuera de las escuelas.

Por una mera cuestión de edad en los adolescentes, el alcance de la temática es mucho más amplio que en los dos programas anteriores y toca de forma integral fenómenos de violencia, consumo de drogas, alcoholismo y delitos sexuales. El programa abre un canal de comunicación bidireccional entre la policía y la escuela para analizar conjuntamente todos los factores y elementos que influyen en la seguridad del alumno e involucra a todos en un plan general de prevención. El modelo tiene en cuenta al alumnado, las amistades dentro y fuera del centro, los maestros, la familia, la policía, la Comisión de Padres y el Ministerio de Educación, y trata aspectos relacionados con la seguridad individual y colectiva que hasta hace unos años eran completamente desconocidos, entre ellos el impacto del internet y las redes sociales, los teléfonos celulares y la televisión.

Por medio de encuentros mensuales el "**MULTIPOL©**" hace un trabajo de prevención que sirve de apoyo a la educación escolar que reciben los menores, alertándoles sobre los peligros de la violencia física y verbal, vandalismo, abuso de menores, agresiones sexuales, consumo de drogas y alcohol, ayuda a víctimas, y seguridad fuera de la escuela. Esta estrategia de prevención penal y formación cívica, va acompañada de asesoramiento legal y de otras actividades que tienen como epicentro localizaciones fuera de la escuela frecuentadas por jóvenes, como pueden ser centros juveniles, instalaciones deportivas y otros lugares de encuentro de grupos juveniles y pandillas. Asimismo, y en conjunto con otros organismos comunitarios, el programa escolar busca enrolar al joven en algún tipo de actividad voluntaria por la sociedad entre ellas el voluntariado en la Seguridad Comunitaria (SC - Ver capítulo 7), y en las fases más avanzadas (17-18 años) incluye su preparación física y psicológica para el servicio militar (si así lo demanda la sociedad en la que viven).

La **fase de planificación** comienza por la presentación del modelo a rasgos generales ante el personal docente de la escuela y la creación de un foro de seguimiento y control formado por directores, docentes, padres y alumnos, que será el encargado de identificar los dos o tres problemas más acuciantes en el centro. La dirección seleccionará por su parte los equipos pertinentes para la elaboración del programa de trabajo, que incluye la definición de vías de intervención, parámetros de evaluación, sondeos de verificación y homologación de expectativas (al principio y al final del año lectivo), y la búsqueda de aliados.

La complejidad del modelo viene determinada por la rápida evolución humana de los menores desde que comienzan la secundaria hasta que la terminan, una etapa decisiva en la que la mayoría de ellos sientan las bases de su futura trayectoria de vida. Esta complejidad es la que reclama la intervención de numerosos organismos y personas. Es la demanda la gestación de una amplia alianza entre representantes de padres, alumnos, vecinos, Policía comunitaria, directores escolares, coordinadores sociales y comunitarios, gobiernos locales, ministerios de Educación y de Seguridad Interior, y de la autoridad de lucha contra la drogadicción y el alcoholismo. Es una amplia gama de expertos de todos los ámbitos destinada a encaminar al joven por la senda normativa de la sociedad.

La **fase de implementación** comienza por las actividades preventivas de carácter policial destinadas a dar a conocer el nuevo estatuto legal al que estarán expuestos por haber llegado a la mayoría de edad y ser responsables de sus actividades penales frente a la ley (en Israel a los 12 años), con una progresiva aplicación de cada uno de los componentes dentro y fuera de la escuela. Por la complejidad mencionada, contempla un amplio rango de acciones, que van desde la transmisión de información al personal de la escuela sobre el trabajo que realiza con los jóvenes a conferencias ante el alumnado para inculcarle los conocimientos y herramientas previstas en el programa, pasando por el trabajo de coordinación con los padres, el tratamiento de problemas específicos y las iniciativas de apoyo fuera del entorno escolar. En su implementación deberá contar con un espacio de diálogo individual con el alumno, una oficina en la escuela que abra una suerte de "ventana" a la Policía comunitaria a la que el menor pueda acercarse en los recreos con sus preocupaciones. Por medio de estos encuentros personales dentro de la escuela los alumnos demostrarán la confianza que tienen al agente, y serán reflejo de si ven en él a un aliado o a un enemigo.

La descripción de los mecanismos de este modelo es demasiado extensa como para abordarla en un sólo capítulo, pero, resumiendo sus líneas generales, prevé entre las actividades de prevención y planes anexos los siguientes componentes:

- Taller de padres para informarles de las medidas introducidas y lo que ellos pueden aportar para mejorar la situación de sus hijos y del entorno escolar.

- Creación de una comisión regidora de alumnos que ejerza la responsabilidad sobre partes determinadas del programa y la administración de "justicia" dentro de la escuela.

- Mediación en conflictos personales y grupales para evitar la acumulación de resentimientos en el área escolar que luego puedan traducirse en violencia dentro y fuera del centro.

- Redacción de un código ético de conducta escolar que estipule las normas sociales entre los propios alumnos y entre los alumnos y los docentes.
- Tener en cuenta programas parecidos que ya estén siendo llevados a cabo al comenzar el modelo.
- Incorporación de los programas de prevención del Ministerio de Educación, según las necesidades de cada país o sociedad.
- Sesiones frontales del agente comunitario con los alumnos y el tutor de la clase.
- Jornada del deporte entre policías y alumnos para ayudar a fomentar la confianza mutua.
- Exposiciones en aulas y pasillos sobre prevención de delitos e infracciones, con mención de casos conocidos o que puedan ser de conocimiento próximo por los alumnos.
- Representación teatral o proyección de filme con un panel de análisis y coloquio.
- Visita de los alumnos a una sede policial donde se trate con menores para concienciarlos de esa otra realidad que existe fuera de sus fronteras habituales.
- Simulación de un juicio por los alumnos para que conozcan más de cerca la importancia del respeto a los derechos humanos y ciudadanos, y los procesos de aplicación de justicia por parte de la sociedad en la que viven.
- Conferencias profesionales de expertos en distintos temas relacionados al programa, y
- Ejemplos de las distintas escuelas de la policía.

Al final del año lectivo, como culminación del curso, se llevará a cabo el modelo "Día de Policía y Comunidad" (ver Modelo 5 en el capítulo 10), bien en un entorno netamente de escolares o con el resto de la población de la Microzona.

MODELO 4: Espacio de Aprendizaje Alternativo (EAA)

Si los tres planes anteriores abordaban la escuela como epicentro de sus actividades de prevención con el objetivo de garantizar el curso correcto del menor a lo largo de sus primeros años de vida y durante la adolescencia, este cuarto modelo se sale del entorno cerrado y cómodo de las escuelas para ofrecer soluciones a un fenómeno inevitable que debe ser tratado con particular atención y que aqueja en muchas sociedades a un número considerable de jóvenes: la deserción escolar. Sin hacer generalizaciones -son muchos los menores responsables que se ven obligados a dejar la escuela por estricta necesidad y contribuir a los ingresos familiares-, los jóvenes que abandonan la escuela suelen acabar en grupos marginales en los que quedan expuestos a un futuro desalentador, convirtiéndose en un riesgo para la sociedad y un lastre al que ésta no puede volver la mirada. La comunidad debe afrontar el problema no con rencor ni con acusaciones, sino de manera constructiva que reconozca en estos jóvenes unos problemas inherentes a su condición. La mayoría de ellos son niños con un gran historial de desilusiones personales, familiares y sociales, que han sufrido desde la infancia incontables muestras de rechazo, y a los que, por lo general, la sociedad ha renunciado e ignorado pensando que el problema no merecía mayor esfuerzo.

Pero estos aparentes "casos sin solución" son la clave de cualquier sociedad sana que aspire a ser inmune contra sus propios errores desde la autocrítica y con un espíritu constructivo, por lo que el modelo propuesto busca tanto ayudar a las escuelas a prevenir la deserción como a combatir sus efectos posteriores cuando ya se ha producido el abandono del aula y el joven ha puesto sus pies en la incertidumbre de las calles.

En la etapa preventiva, trabajar con estos niños significa comprender sus necesidades más inmediatas y profundas, aceptar que éstas no han recibido la respuesta adecuada durante largos años y que la dificultad en los estudios y la rebeldía (a veces, también violencia) que estos jóvenes demuestran hacia maestros y alumnos no es otra cosa que la expresión externa de esas necesidades. Asumir estas premisas es cambiar la percepción personal e institucional hacia este tipo de problema y debe conducir a una cartografía del colegio para identificar y localizar aquellos casos de riesgo que hay en cada aula para ofrecerles acompañamiento y soluciones con las que superar los problemas particulares en cada uno. El programa incluye en ese sentido un taller para el personal docente en el que se les enseña a aceptar a estos casos difíciles, en lugar de recomendar su expulsión del centro para "terminar" con el problema de raíz.

Y, aun así, la actividad preventiva no siempre puede evitar la deserción efectiva (el alumno se ha dado oficialmente de baja de la escuela) o práctica (sigue registrado, pero no acude a las clases), por lo que la alternativa al completo abandono es la creación de un "Espacio de Aprendizaje Alternativo (EAA)". Se trata en esencia de una infraestructura de apoyo para los casos avanzados de riesgo, y también para casos ya efectivos o prácticos de deserción, cuyo objetivo final es la reintegración completa del alumno a su clase.

Completamente equipada dentro del mismo colegio, el aula brindará un marco de pertenencia a estos alumnos especiales, una educación personal con elementos y atribuciones familiares, un "hogar" cálido, seguro y adecuado a sus particulares circunstancias. El EAA debe estar dirigido por personal especializado en este tipo de educación, que sabe vigilar a cada uno de los alumnos, favorecerlos, escucharlos y cuidarlos sin renunciar a ellos incluso en el caso de que sus logros educativos no alcancen las metas previstas. Con esta nueva experiencia a sus espaldas y el acompañamiento de asesores pedagógicos especializados, una buena parte de estos alumnos de riesgo acabarán regresando a su aula y ganando el sentimiento de pertenencia a la sociedad normativa.

En líneas generales el proceso de gestión y administración del EAA incluye:

- Un proceso de concienciación general en las instituciones educativas sobre la necesidad de abordar el problema de forma constructiva y sin renunciar a estos jóvenes.
- Elaboración de una cartografía escolar para detectar de forma efectiva a los alumnos con riesgo de deserción escolar o que ya hayan desertado.
- Diseño de un programa educativo adaptado a las necesidades personales de cada caso y en el que resalten las asignaturas fuertes que puedan devolverle la seguridad y confianza en sí mismo como para motivarles a seguir adelante.
- Búsqueda de aliados del área comunitaria para que apoyen la labor docente con medidas sociales (por ejemplo, el traslado del alumno en casos excepcionales a un centro de recogimiento de menores en condiciones de seminternado).
- Establecimiento de una alianza fuerte y estable de acción sistémica entre el EAA, la escuela, los padres, los trabajadores sociales y la Policía comunitaria. Esta alianza es uno de los principales factores del éxito del plan y base de cualquier progreso del alumno como individuo y miembro de la sociedad.

El modelo será gestionado en cada escuela por el director del centro escolar que alberga el EAA y bajo su autoridad un trabajador social licenciado como coordinador. El equipo lo completan profesionales de varios ámbitos y voluntarios según estas categorías: **maestros** de las distintas materias que darán clases particulares a cada alumno de acuerdo a las distintas dificultades (estas clases particulares las impartirán en sus horas libres y le serán remuneradas en sus sueldos); **vecinos voluntarios** que ayuden, en forma general, a fomentar un ambiente positivo, llevando a cabo actividades generales que el coordinador les indique; y el **"MULTIPOL©"**, que impartirá en el EAA los mismos temas del modelo "Escuela segura" descrito anteriormente, aunque lo hará de una manera más personal y meticulosa.

De vital importancia es que alguno de los miembros de este equipo de profesionales tenga capacitación como instructor de pandillas con el fin de que sepa cómo actuar en los distintos momentos en los que la violencia florece. Además, sólo un experto en este campo entenderá el lenguaje y el comportamiento pandillero en su ámbito callejero.

La efectividad del programa podrá medirse a lo largo del tiempo según las pautas definidas por el director de los centros escolares, y en base a la asistencia periódica del alumno al EAA, el nivel de estudios de sus alumnos y su equiparación progresiva al resto de la escuela y a la erradicación de la violencia. El programa ha demostrado ser efectivo con muchos alumnos a los que ha devuelto a las aulas normales tras equiparar sus logros educativos e inculcarles confianza en sí mismos e incluso los ha introducido en el liderazgo del centro. Su probada eficacia invita a expandir el modelo en la mayoría de los centros escolares y a colaborar con otros que no lo tienen, así como a reconsiderar si muchas de las técnicas pedagógicas del EAA no deberían ser aplicadas en realidad en todas las aulas. Muchos expertos recomiendan, después de haber comprobado por sí mismos los resultados, que el programa debería ser incorporado por los Ministerios de Educación como programa base en todas las escuelas y centros escolares.

Al final del año lectivo, y a diferencia de otros programas, no se llevará a cabo el modelo "Día de Policía y Comunidad" para no etiquetar a los alumnos que participaron ni distinguirlos delante de sus compañeros de forma que más adelante sea más difícil reinsertarlos en las aulas comunes con el fin de devolverlos al programa habitual de estudio, que no es otro que el objetivo primordial del modelo.

MODELO 5: Patrulla de Padres

En los anteriores modelos de prevención se ha mencionado en todo momento la importancia de hacer partícipes a los padres de cualquier iniciativa. En la fase preescolar y en la escuela primaria para ayudar al niño a confiar en el agente comunitario y, a través de él, en la figura del policía. En la escuela secundaria porque la complejidad del modelo y la difícil edad de los alumnos hacen necesario un modelo sistémico con todos los tejidos del entorno en el que viven, y el familiar no hay duda que es uno de los más decisivos e influyentes. En el EAA su participación es indispensable por la necesidad de resolver complejos problemas que afectan al alumno y los padres tienen la llave a muchos de ellos. A su exigida participación en los entornos escolares se suman otros agravantes, a veces coyunturales, que hacen de los padres un instrumento indispensable.

Esos agravantes vienen marcados por la intensificación de la violencia en los últimos años a todos los niveles, tanto la de carácter delictivo juvenil (rivalidades entre pandillas), como la de carácter criminal (uso de menores en delitos como el tráfico de droga) y la que está relacionada a aspectos de la seguridad nacional interna y externa, el terrorismo o redes de tráfico internacional. Estas circunstancias anómalas exigen que los recursos policiales deban dedicarse a su actividad clásica y que la seguridad en la calle pueda descuidarse.

Una alternativa práctica a la escasez de mano de obra policial cualificada es la de que los padres participen en alguna medida en la protección de los menores, por ejemplo, en centros recreativos y de diversión, colegios, parques y otros espacios abiertos frecuentados por menores. Su mera presencia en la forma de una guardia organizada de vigilancia o "Patrulla de padres" puede tener un efecto disuasorio considerable en muchos casos, y en otros servir de detectores objetivos y testigos para que la policía pueda resolver el problema con mayor rapidez.

En consecuencia, este modelo propone una amplia movilización de padres en el marco de la Seguridad Comunitaria (SC, ver capítulo 7), con la autoridad e inmunidad típicas de un voluntario adulto, para que con la prestación de unas horas de servicio la seguridad de sus hijos en los entornos escolares y de recreo sea mayor. No quiere decir esto que la Policía se desvincule de su responsabilidad global, sino que serán menores los recursos que dedique a este tipo de funciones. Partiendo de la premisa que ni siquiera con un despliegue máximo la policía puede resolver todos los problemas a un mismo tiempo, la Patrulla de padres se convierte en una herramienta eficaz de apoyo.

Como otros proyectos mencionados en éste y en el anterior capítulo, la aplicación del modelo debe comenzar por una **fase de planificación** que defina claramente la Microzona en la que será puesto en marcha, es decir, los límites geográficos de la actividad; que incluya un estudio de los delitos y problemas más frecuentes; que obtenga el interés y aprobación de vecinos, padres, instituciones educativas y organismos comunitarios; y que busque los recursos humanos necesarios (padres voluntarios) que estén dispuestos a dedicar parte de su tiempo libre a la mejora de la seguridad personal de los hijos de todo el vecindario. Sólo entonces será posible comenzar la creación del Patrulla de padres y la formación de voluntarios en un proyecto que será supervisado en todo momento por una comisión de seguimiento integrada por padres, directores de centros escolares y representantes de la Policía comunitaria.

La **fase de implementación** exige incorporar al nuevo cuerpo de voluntarios a la Seguridad Comunitaria (SC), y atribuirle competencias exclusivas en los entornos de menores. El "**MULTIPOL©**" habrá de encontrar a uno o dos padres voluntarios -según las necesidades, disponibilidad y alcance- para que bajo su autoridad coordinen las actividades con el resto de voluntarios, la Policía y trabajadores sociales. Antes de comenzar a trabajar, harán en conjunto una evaluación de las necesidades reales, poniendo énfasis en los problemas que se hayan detectado.

Entre las misiones que esta Patrulla puede fácilmente asumir están las de efectuar rondas de vigilancia en los recreos para prevenir la violencia entre jóvenes; vigilar los accesos a centros escolares para impedir el ingreso de armas, drogas o alcohol; y principalmente mostrar presencia y visibilidad en lugares de encuentro juveniles como parques, pubs y bares. También pueden colaborar con conferencias en las escuelas sobre planes de prevención o peligros que acechen en un momento dado a los alumnos dentro y fuera de los centros educativos, en coloquios con otros padres para concienciarles de la delincuencia local y los focos de peligro, y en la formación de padres en la práctica policial y trato de menores.

Las funciones que dé ha de realizar la Patrulla de Padres no suelen exigir más que el desplazamiento a pie, pero una versión móvil de ésta será la que realice sus funciones en patrullas motorizadas. Para ello la Policía comunitaria les proporcionará la típica sirena magnética de luz azul rotativa que habrán de colocar en el techo del vehículo privado.

La aplicación del modelo va también acompañada de un proceso de verificación y evaluación de éxitos, que como en los casos anteriores es fácil de medir con las estadísticas sobre fenómenos violentos, denuncias de casos, sondeos entre los alumnos y el informe de intervenciones realizadas por las patrullas de padres.

12. La Microzona de Guiló
El sur de Jerusalén como ejemplo práctico

El barrio de Guiló, en el sur de la ciudad santa, ha sido desde su creación uno de los más grandes de Jerusalén y, por su ubicación fronteriza -limita con la palestina de Belén-, uno de los más problemáticos desde el punto de vista de la seguridad ciudadana. Su vasta extensión de 15 km² serpenteante por cuatro colinas y la variedad de su población, con altos porcentajes de inmigrantes, son un buen ejemplo para conocer de cerca la aplicación del modelo general de Policía comunitaria y las técnicas de uso.

Historia y contexto social de la Microzona

Desde su fundación en 1971 y hasta el año 1985, se construyeron en él más de 5.700 viviendas, en su inmensa mayoría subvencionadas por el Estado que las poblaron rápidamente con casi 23.000 habitantes de un estrato socioeconómico medio y bajo. Entre ellos, un gran porcentaje de familias inmigrantes, en especial de Siria, Marruecos y otros países árabes que, en su mayoría, no traían consigo estudios, profesiones u otras aptitudes que les permitieran romper el círculo vicioso del desempleo y la falta de actividad productiva. Todo ello condujo a elevados niveles de consumo de drogas, alcohol y otros fenómenos negativos que determinaron el tejido social del vecindario.

En 1986, en respuesta a un llamamiento de sus líderes y vecinos que sufrían una ola de vandalismo, una dependencia policial de proximidad fue inaugurada por primera vez con dos agentes del orden que no lograron mucho éxito. Ello se debió a la ausencia de planes de trabajo ordenados y adaptados a las condiciones de la Microzona en cuestión que, sin embargo, vio milagrosamente florecer su situación económica debido a que grandes cantidades de inmigrantes de la ex Unión Soviética -altamente cualificados- se establecieron en el barrio[19].

El auge económico y social contribuyó momentáneamente a fomentar la sensación de seguridad entre sus vecinos, pero en diciembre de 1987 estalló la Primera Intifada palestina[20] y las hasta entonces ejemplares y provechosas relaciones entre los habitantes de Guiló y los de la vecina Belén se desvanecieron en un abrir y cerrar de ojos. La inseguridad personal volvió a resurgir por la ausencia en aquel entonces de una barrera de separación entre ambas poblaciones, lo que permitía a los atacantes palestinos irrumpir a diario en las calles de toda Jerusalén y sembrar el pánico entre su población. Guiló, en algunos puntos de contacto a sólo unas decenas de metros de Belén, no fue una excepción.

---

[19] Hacia mediados de los años ochenta comenzaron a llegar a Israel miles de inmigrantes judíos de la por aquel entonces llamada Unión Soviética, donde residía la comunidad judía más numerosa del mundo con seis millones de personas. Ya antes del completo desmoronamiento del Bloque Oriental en 1991, Israel se vio inundada por estos inmigrantes y, en una década, más de un millón de ellos se acogieron a su derecho a pedir la nacionalidad israelí. Su alto nivel educativo y creatividad contribuyeron a un auge económico casi sin precedentes en el país, lo que sirvió entre otras cosas para mejorar los entornos sociales más deficitarios en Israel.

[20] La primera insurrección o "intifada" palestina comenzó el 9 de diciembre de 1987 en la Franja de Gaza después de un accidente de tráfico en el que murieron cuatro palestinos. El levantamiento se prolongó oficialmente hasta el 13 de septiembre de 1993, cuando se firmaron los Acuerdos de Oslo.

En 1990, el barrio contaba ya con casi 32.000 habitantes aquejados por serios problemas de inseguridad. La Policía israelí decidió entonces relevar a los dos agentes de proximidad y, en su lugar, abrir una comisaría con 35 agentes que, un año después, no habían conseguido aún frenar la espiral delictiva y de la inseguridad. En 1993, ya con 35.000 habitantes, Guiló seguía sumida en la inseguridad y ni la duplicación de la dotación policial a 65 hombres trajo el tan deseado cambio.

El año 1994 trajo grandes cambios para el vecindario. La firma de los históricos Acuerdos de Oslo entre Israel y la Organización para la Liberación de Palestina (OLP), sacaron el territorio de Belén de la jurisdicción israelí y dejaron a Guiló como zona fronteriza. Cambios internos ajenos a Israel transformaron la demografía en la ciudad palestina, en la que los musulmanes desplazaron como fuerza dominante a los cristianos, mucho más moderados en posturas políticas y ajenos a toda expresión de violencia.

Un año después, se produjo otro gran cambio a nivel de seguridad, y es el de que viendo que la presencia policial en el barrio no contribuía a reducir la delincuencia, la comisaría existente fue trasladada a una zona vecina fuera del barrio. En 1998, la Policía de Israel comenzó a estudiar por primera vez modelos de Policía comunitaria que habían tenido éxito en otros países del mundo, y a aplicarlos progresivamente según las condiciones locales, hasta llegar a Guiló en el año 2000. Pero lo hizo en unas muy anómalas y extrañas circunstancias.

El barrio, que seguía su crecimiento demográfico y había pasado a contar con 45.000 habitantes dentro del mismo perímetro que 30 años antes, fue uno de los escenarios de la peor ola de violencia contra civiles que Israel haya conocido en su historia: la Segunda Intifada palestina o de Al-Aqsa. Los tejados y azoteas de la localidad de Bet Yala, en el distrito de Belén y al otro lado del valle, se convirtieron en posiciones privilegiadas para que miembros de las fuerzas palestinas de seguridad y terroristas islámicos atacaran día tras día las viviendas del barrio de Guiló, sembrando el pánico y el caos en sus calles. Las ventanas de cientos de viviendas en la línea del frente tuvieron que ser blindadas, calles enteras cerradas al paso de personas por temor a los francotiradores y fuerzas militares blindadas tomaron posiciones en el flanco sur del barrio para responder a los ataques, incesantes durante largos meses.

Por una carencia aguda de personal a escala nacional a raíz de la insurrección palestina, la Policía israelí decidió entonces abrir en Guiló un Centro de Policía Comunitaria (CPC) al mando de un único agente con formación de policía comunitario, idea por aquel entonces un tanto descabellada porque cinco años antes, en circunstancias mucho menos extremas, había llegado a tener en el lugar una comisaría con 65. Fue en esa coyuntura bélica y desfavorable en la que comenzó una de las historias de mayor éxito de la Policía comunitaria de Israel, que demostraba por encima de toda duda la eficacia de esa nueva forma de actividad policial frente a otras más clásicas que no consiguieron generar los cambios deseados.

Los primeros días del "**MULTIPOL©**" en Guiló fueron días de aproximación a los vecinos, de visitas constantes a cada casa atacada, a cada familia afectada, a los colegios para calmar a los niños y comenzar a implantar modelos preventivos. La inercia del conflicto armado rápidamente convirtió el CPC de Guiló en punto de encuentro entre los dirigentes comunitarios, agentes de asistencia social y altos mandos, adoptando la función de un Centro de Mando Unificado. En paralelo, comenzó el alistamiento de vecinos voluntarios para ayudar a grupos necesitados -ancianos, lisiados, etc.- y verificar si estaban acompañados o, por el contrario, debían ser derivados a los servicios sociales. Una actividad, la de estas visitas, que el 18 de junio de 2002 adoptó una nueva y horrenda faz cuando un terrorista suicida palestino estalló en un autobús que salía del barrio, matando a 19 vecinos e hiriendo a otros 74. Fueron 93 visitas consecutivas para dar el pésame o desear una pronta mejoría a los heridos.

Finalizadas las acciones bélicas contra el barrio, el CPC pudo concentrarse en las actividades propias de su misión policial preventiva, y quien escribe estas líneas -como agente de policía al mando- comenzó a buscar aliados y movilizar a voluntarios. Con el prestigio y la popularidad de quien los había acompañado en sus peores días, los vecinos no defraudaron. En 2006, tras haber reducido en un 46% los índices de la actividad delictiva en un solo año, el de Guiló se hizo merecedor del título "CPC más efectivo del país", concedido por el ministro de Seguridad Interior. Tres años después, en 2009, la incesante actividad de todos los componentes sociales y vecinales bajo la dirección del CPC -que continuaba aplicando los modelos descritos en este libro- le valió el prestigioso reconocimiento del presidente de la Nación, Shimón Pérez, por ser en todos sus componentes el mejor del país.

Fase 1: Definición de problemas y cartografía

Como en cualquier otro caso, los primeros pasos del CPC de Guiló consistieron en hacer una clara y meticulosa cartografía de la Microzona que sirviera de base para el trabajo diario, con sus problemas más acuciantes y los puntos más sensibles de actividad delictiva. Se trata de un punto de partida ineludible para poder aplicar más adelante los programas de prevención, y activar un servicio de voluntarios de forma efectiva.

Uno de los "talones de Aquiles" del barrio es su propia ubicación geográfica en el sur de la ciudad y colindante con varias poblaciones árabes: algunas de árabes-israelíes y a los que la Policía tiene acceso y, otros, bajo control de la Autoridad Palestina (AP) y por lo tanto fuera de la jurisdicción policial israelí. Los árabes-israelíes son los palestinos que permanecieron dentro de las fronteras del Estado de Israel en 1948, cuando se independizó, y que por tanto disfrutan de la nacionalidad de este país, a diferencia de los que residen en Cisjordania y Gaza. Se trata de una comunidad de más de un millón de habitantes que gozan de plenos derechos al igual que cualquier otro ciudadano israelí, pero sin la obligación de enrolarse en el Ejército porque sus lealtades no siempre están claras. Durante la Intifada de Al-Aqsa (2000-2005) decenas de ellos fueron condenados en tribunales por participar de forma directa o indirecta en acciones hostiles y terroristas contra sus conciudadanos israelíes judíos. Por otro lado, los niveles de delincuencia regular en esta comunidad son más elevados que en el resto de la población. Los niveles de seguridad en Guiló, como se desprende del mapa a continuación, no son ajenos a este entorno.

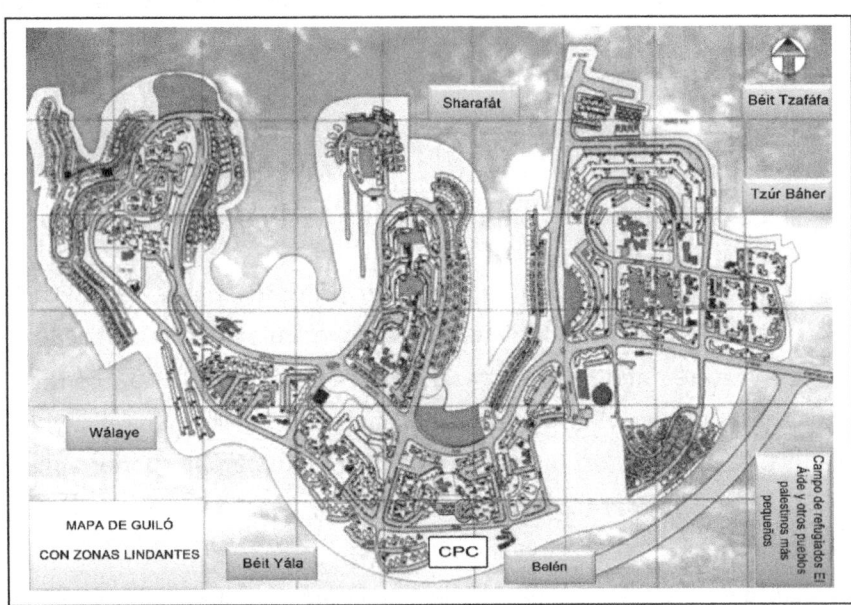

Más allá de la actividad delictiva regular que tiene vigilar la Policía, esta ubicación geográfica sitúa al barrio en paso obligatorio entre las ciudades palestinas de Belén, Bet Yala, Bet Sahur y otras del distrito, y la ciudad israelí de Jerusalén. De hecho, uno de los pasos fronterizos entre ambos territorios se encuentra en el extremo oriental del barrio. A raíz de los atentados suicidas de la Intifada de Al-Aqsa,

LA MICROZONA DE GUILÓ

muchos de los cuales fueron perpetrados por terroristas de los campos de refugiados en el distrito de Belén, el Gobierno nacional levantó una barrera de separación que, desde 2002, impide el libre paso de palestinos a Israel sin una minuciosa revisión.

Pero con la excepción de esta preocupación de responsabilidad nacional, la selección de problemas que aquejaban al barrio fue decidida en conjunto por el jefe del CPC y los dirigentes de la comunidad, según un orden de prioridades que definía el grado de influencia de cada uno de ellos en la percepción de seguridad ciudadana. El resultado de la selección fue, por este orden:

1. Problemas de carácter fronterizo (la situación de conflicto nacional antes descrita).
2. Robo en viviendas y de vehículos privados.
3. Problemas de tránsito y estacionamiento irregular en contra de las normativas.
4. Vandalismo juvenil.

En paralelo a la identificación de problemas, comenzó la cartografía zonal, la recopilación de datos geográficos y sociodemográficos que permitieron conocer la relación de fuerzas, las tendencias demográficas y la realidad socioeconómica que caracterizaba la vida en la Microzona (en principio, una zona adinerada siempre será más propensa al robo y una más pobre lo será a la violencia). En el caso de Guiló su tipificación fue la siguiente:

Ubicación: extremo sur de Jerusalén / barrio fronterizo.

Topografía: extensión irregular no concentrada de varios kilómetros en su parte más ancha construido de acuerdo al relieve geográfico en un cerro de colinas.

Superficie: unos 15 km^2 (4,9 km. en el eje este-oeste y 3,1 en el norte-sur). Las distancias por carretera son sustancialmente más largas por la topografía montañosa, que hace que las principales arterias y vías sigan en muchos casos la silueta de la montaña.

Tipo de barrio: dormitorio de clase media (media-baja, con concentración puntual de urbanizaciones adineradas).

Población: unos 45.000 habitantes, de ellos un porcentaje notorio de inmigrantes de distintos países (hay un centro de inmigrantes en uno de los vecindarios).

Viviendas: unas 10.000 distribuidas en cinco vecindarios clasificados en orden ascendente con las letras del abecedario (Guiló A, Guiló B y sucesivamente).

Instituciones escolares: 47 jardines de infancia (2-6 años), 8 escuelas de enseñanza básica y 2 de secundaria.

Actividad comercial: no hay una gran actividad comercial ni centros industriales. Los servicios básicos (supermercado, correos, banco y mutuales médicas) se concentran en un mini-centro comercial situado en el corazón geográfico de la barriada, con una hilera de tiendas a lo largo de un pasaje en paralelo a la principal arteria de tránsito. Por las calles del barrio hay salpicados de forma puntual pequeños comercios y establecimientos alimentarios.

Infraestructuras nacionales e instituciones sensibles: un centro de telecomunicaciones bajo vigilancia privada, una subestación eléctrica y tres grandes cisternas de agua que abastecen a la ciudad, y un acuartelamiento de la Policía Fronteriza.

Fase 2: Distribución de fuerzas policiales y recursos

En base a los problemas descritos y la realidad socio-demográfica, el CPC de Guiló, situado en la zona "B" (ver mapa anterior), evolucionó rápidamente y ahora dispone de una amplia gama de recursos para garantizar la seguridad ciudadana. Su equipo de trabajo está compuesto hoy por un agente de carrera al mando del CPC, el coordinador de voluntarios con responsabilidad sobre unas 225 personas en la SC, y dos patrulleros zonales que responden a las llamadas que los vecinos del barrio realizan al teléfono de emergencia de la Policía en la ciudad (100).

Al ser una zona colindante con la Autoridad Palestina, actúan también agentes de la Policía de Fronteras que se encargan únicamente de cuestiones de seguridad interior y tratan de impedir los problemas limítrofes, mientras que fuerzas especiales del distrito acuden al barrio para los casos graves, sean estos de carácter bélico, terrorismo, extrema violencia o asesinatos. El resto de la actividad contra la delincuencia recae en el CPC y sus voluntarios, en particular la de carácter preventivo. El CPC también sigue respondiendo a llamadas que los vecinos hacen directamente.

Fase 3: Aplicación de modelos y resultados

Uno de los experimentos más avanzados y novedosos que fueron implementados en el CPC de Guiló fue la puesta en marcha de la Tecnología del Espacio Abierto (Open Space Technology) al que se hacía alusión en el modelo 3 del capítulo 10. Su sencillez y efectividad ayudaron a fomentar el diálogo interno en la comunidad sobre temas generales y en aquellos de mayor preocupación para los vecinos.

Después de un curso sobre el modelo, los responsables del Centro comunitario invitaron en los medios de comunicación a todo el vecindario a tomar parte en un taller de un día de duración en el que cada participante podría exponer temas de orden comunitario de su interés para mejorar la vida dentro del barrio. Fácil de organizar, el modelo sólo requería un amplio espacio físico con paredes libres en las que poder escribir y mostrar las presentaciones. En el caso de Guiló se organizó en una cancha de baloncesto. 153 vecinos de todas las edades y niveles socioeconómicos se presentaron a la actividad. El director del Centro comunitario actuó como presentador y orientador, explicó el formato del Espacio Abierto y las reglas de actuación, y dirigió al equipo de coordinación para la sesión asamblearia y los grupos de trabajo.

Como primer paso se le pidió a cada participante que propusiera su tema de interés y lo colgara en los paneles para revisión de todo el público. Se llegaron a anotar un total de 47, que se vieron reducidos a 22 en la segunda fase de la actividad tras la fusión de propuestas por interdependencia temática o similares características. En la tercera, la dinámica grupal hizo que el público gravitara hacia los líderes espontáneos más carismáticos que impusieron su agenda de forma natural, y que redujeron a nueve la lista temática:

Tema 1 -   Prevención en las escuelas

Tema 2 -   Seguridad vial

Tema 3 -   Cooperación entre policía y comunidad

Tema 4 -   Ancianos

Tema 5 -   Limpieza de espacios públicos

Tema 6 -   Transporte público

Tema 7 -   Cuestiones presupuestarias del Centro comunitario

Tema 8 -   Voluntariado comunitario

Tema 9 -   Ayuda a los pobres y necesitados

En torno a ellos surgieron los grupos de trabajo para la búsqueda de soluciones, y en la reunión final de cierre de actividad cada uno de los participantes expresó el compromiso personal de colaborar en su implementación. Los nueve temas elegidos en el Espacio Abierto son aún impulsados por todos los "aliados" que tomaron parte en la actividad y siguen en la agenda barrial como elección prioritaria de sus vecinos.

La exposición sobre la Tecnología del Espacio Abierto es traída a colación por su notoria efectividad como técnica de participación colectiva a la hora de conocer al vecindario y aproximarse a sus preocupaciones. Para el "**MULTIPOL©**" es un puente vital hacia sus "clientes" que le permitirá orientar sus modelos de prevención cualesquiera que sean hasta conseguir el objetivo de su misión. incrementar la sensación de seguridad entre los vecinos. En Guiló fueron implementados la mayoría de los modelos que este libro contiene, por lo que no merece volver a repetir sus conceptos y mecanismos, aunque es ineludible hacer un recuento del éxito que tuvieron desde los cuatro o cinco vértices principales de la actividad de la Policía comunitaria.

A. **Alianzas**: Por su composición socioeconómica y estar catalogado como barrio de bajos recursos, desde antes de abrir el CPC funcionaban en él organizaciones de todo tipo -religiosas, caritativas, comunitarias, gubernamentales, bienestar público y otras- pero que se desempeñaban independientemente la una de la otra y en determinados casos hasta prestando las mismas funciones. Es indudable que algunas estaban y siguen estando impulsadas por intereses económicos y otras hasta por los intereses políticos, pero no hay duda que todas se interesan por el bienestar del público. Mediante la introducción de técnicas de "alianzas" se ha conseguido lograr en la última década que en el aspecto comunitario existan cooperaciones temporales que marginen los intereses primarios de cada una de ellas y beneficien mancomunadamente a la vecindad. El objetivo ideal sigue siendo que todas las organizaciones dejen a un lado sus intereses particulares internos y presten sus servicios bajo la autoridad del director del Centro comunitario.

B. **Voluntariado**: En los años 80 y principios de los 90, nadie hubiera podido imaginar que Guiló, con sus características demográficas y niveles de delincuencia, podría desarrollar el voluntariado comunitario con el ímpetu que lo hizo. Con el acompañamiento del CPC, el Centro comunitario lanzó una campaña con la que llegó a cifras inimaginables. En el barrio actúan hoy en distintas iniciativas unos 7.560 voluntarios, de los que 225 prestan servicio en la Seguridad Comunitaria (SC) y, de estos últimos, un 22% en las unidades especiales. Por cuestiones de eficiencia logística, la meta fijada por el actual "**MULTIPOL©**" para el próximo semestre es incrementar la cantidad de voluntarios en la SC a 250 y, por cuestiones de profesionalización que un 30% de esta cifra preste servicio en las unidades especiales. Lo que busca la Policía con estos cambios es dotar de mayor autonomía al CPC y que la SC se responsabilice de una mayor parte de los problemas que aquejan a la comunidad.

C. **Violencia en las escuelas**: En Guiló siempre hubo un alto porcentaje de familias jóvenes con hijos en edad escolar, lo que obligó a construir jardines de infantes y colegios por todo su entorno. Debido a factores socioeconómicos tratados anteriormente, la violencia juvenil en general, y la escolar en particular, crecieron de tal forma que la inseguridad en sus instalaciones alcanzó niveles superiores a la media nacional. Con su entrada en las instituciones educativas y la aplicación de modelos de prevención especialmente adaptados, la Policía comunitaria redujo a casi cero los casos de violencia escolar creando un clima de respeto y reconocimiento mutuo que apuntaló la autoridad de los maestros, tanto frente a los alumnos como a sus padres. A pesar de este logro, el nivel de deserción escolar en el barrio es aún elevado, por lo que entre los objetivos del CPC para el futuro más inmediato está el de fortalecer sus actividades en el "Espacio de Aprendizaje Alternativo". Actualmente, existe un EAA en sólo una de las dos escuelas de secundaria locales cuando lo óptimo es abrir otro en la segunda. Sólo con su apertura se podrá realmente medir el alcance de éxito de este modelo.

Otro problema es que la creación de nuevos barrios en los alrededores de Guiló ha alentado a una considerable parte de su clase media a abandonarlo -sobre todo las familias jóvenes con hijos que necesitaban más espacio-, ahondando las diferencias entre las clases altas y bajas y produciendo un envejecimiento de su población. La primera consecuencia ha sido una reducción considerable del alumnado hasta el punto de estudiar las autoridades el cierre de dos colegios primarios, para desviar al resto de los niños y adolescentes a instituciones más alejadas. Estos cambios tendrán una influencia superflua en la labor del policía comunitario que, por un lado, tendrá que preocuparse de menos alumnos y colegios pero que, por el otro, deberá tener en cuenta que los alumnos de esas dos escuelas estarán obligados a hacer un trayecto diario más largo, con todos los peligros que conlleva. Para empezar, serán necesarios más voluntarios para cubrir los cruces y calles por las que pasan los alumnos, no sólo por razones de seguridad vial sino también para impedir que se les acerquen posibles pedófilos, vendedores de drogas y otros delincuentes. Será un despliegue menos concentrado en los centros, pero mucho más amplio en extensión.

D. **Violencia y delincuencia juvenil**: La prevención de la delincuencia juvenil en Guiló merece un apéndice separado dado el elevado número de jóvenes en la Microzona, y teniendo en cuenta que, por su propia naturaleza, los círculos juveniles son quizás la pieza clave de todo el entramado que justifica la actividad policial comunitaria. Las principales actividades se realizan en Guiló dentro de los recintos escolares sin descuidar la exposición fuera de ellos a drogas, prostitución e incluso deserción. Para hacerse una idea de la atención que requieren basta con conocer el porcentaje de menores de 18 años que vive en el barrio: 26,4 por ciento. Este dato explica la gran densidad de instituciones educativas: 47 jardines de infancia (2-6 años), 8 escuelas de enseñanza básica (6-12 años) y 2 de secundaria (12-18 años). El interés de todos en reducir la violencia callejera y el vandalismo convencieron a los directores de estos centros de la necesidad de abrir sus aulas a la Policía comunitaria para impartir en ellas clases de concienciación y aplicar los programas contra la violencia juvenil descritos en el capítulo anterior. Esta "intromisión" en su entorno más doméstico -la escuela es para algunos jóvenes un terreno más cómodo que su propio hogar familiar- rompió ciertos esquemas en la mentalidad de los alumnos, que de pronto dejaron de ver al agente comunitario (no a toda la Policía) como un obstáculo natural para sus travesuras o como un organismo castigador frente a sus acciones de vandalismo. El mero conocimiento mutuo transformó de pronto al agente en un fiel consejero para muchos de ellos. Alguien de máxima confianza y punto de referencia a la hora de pedir ayuda sin temor a aprovechamientos o reprimendas.

Es imprescindible insistir en que toda esta actitud a veces permisiva para ganar la confianza del adolescente y devolverlo al comportamiento normativo, no socavó en ningún momento la misión primaria del "**MULTIPOL©**": hacer cumplir la ley. La permisibilidad era dejada a un lado cuando el joven quebrantaba las leyes de forma intencionada y repetitiva. O cuando cometía infracciones graves como venta de drogas, *bullying* u otros delitos que requerían una intervención policial insoslayable. Afortunadamente, tanto los afectados como el resto del alumnado confiaron siempre en la imparcialidad de este tipo de acciones y la buena voluntad del agente sin que los arrestos erosionaran la confianza en él por parte de los alumnos.

En la dimensión preventiva, la Policía comunitaria aplicó en un principio el plan "Escuela segura" para los centros de bachillerato (escuela secundaria), basado en programas de prevención primaria y secundaria. Una vez institucionalizado, y comprobada su efectividad, se concibió el plan "Seguros desde la básica" (escuela primaria) que expone al menor a una prevención primaria a través de técnicas para no caer en el delito. De forma natural, se procedió más adelante a una expansión de los planes para incluir también los jardines de infantes bajo el paraguas del plan "Mi policía y yo". Detrás de este programa el único objetivo que había era fortalecer la seguridad personal de los niños y que comenzaran a ver al policía como un amigo. Una primera siembra de cara al futuro.

Una dimensión menos conocida de estos planes pero que también aporta su granito de arena a los planes de prevención, e incluso retroalimentan las filas policiales con nuevos candidatos y voluntarios, es a través de la concesión de créditos y estudios especializados. En Guiló, el plan "Escuela segura" permitía al alumno dedicar una parte de su programa de estudios en Ciencias Sociales al campo policial, con una temática centrada en la criminología y los estudios policiales. Este programa especializado incluye conferencias a cargo del agente policial comunitario de la Microzona, guardas de prisiones, jefes de otras ramas policiales y, entre ellos, la encargada de menores, asistentes sociales, etc. La idea de este proyecto es aproximar a los adolescentes a la policía y concienciarles de la importancia del respeto a la ley y el orden.

Además, los estudiantes que durante la secundaria se enrolan como voluntarios en la SC, expanden sus posibilidades de ingresar en la Policía en un futuro.

Planes de acción para otros grupos de riesgo

Aunque es cierto que el epicentro de la actividad del "MULTIPOL©" son los jóvenes, no quiere decir ello que una parte considerable de su tiempo y de los recursos a su disposición no deba dedicarlos a otros grupos de riesgo y con necesidades especiales. En este sentido Guiló no es una excepción si se lo compara con otros barrios de Jerusalén: ancianos, discapacitados, enfermos en general, mujeres víctimas de la violencia machista, etc. son todos parte de un tejido social que debe quedar bajo la atenta mirada del jefe del CPC.

Los ancianos en Israel, por ejemplo, forman parte de un complejo grupo, nada fácil de gestionar, porque la política de inmigración del Estado de Israel facilita y alienta que judíos de todo el mundo se radiquen libremente en el país. La mayoría lo hace a una edad temprana en la que el proceso de aclimatación social es mucho más fácil, pero otros, bien por necesidad o bien porque lo hacen atraídos por sus hijos, lo hacen después de haberse jubilado en sus países de origen. Esto significa que decenas de miles de ancianos que ni siquiera hablan el idioma nacional, el hebreo, lleguen al país y muchos con limitaciones físicas y mentales. Por su avanzada edad, incapacidades y condición de inmigrantes que no conocen las normas y comportamientos locales, estos ancianos son víctimas de estafas, abusos y robo. El CPC de Guiló identificó rápidamente estos problemas y comenzó a tratarlos por medio de modelos implementados en conjunto con todos las organizaciones -nacionales, municipales, barriales y vecinales- ofreciendo modelos comunitarios de acción para protegerlos. Planes parecidos, pero adaptados a cada circunstancia fueron elaborados para discapacitados y mujeres maltratadas.

El **modelo "Edad de Oro"**, que como su propio nombre indica está destinado a los ancianos, busca restringir su vulnerabilidad frente a delincuentes especializados en este tipo de delitos focalizados. La mayoría de las denuncias formuladas consisten en el robo a apartamentos, hurtos, amenazas, asaltos y fraudes. Pero también existe otra dimensión, no menos preocupante, que es el maltrato de ancianos. Estudios realizados sobre el tema aseguran que esta población está muy expuesta a la violencia, abuso y negligencia, y que en su gran mayoría los casos no son denunciados ni por los familiares ni por los agentes sociales que les atienden.

La población objetivo de este modelo son todas las personas de edad de la comunidad que vivan solas o tengan movilidad limitada. Los voluntarios realizan con ellos labores de acompañamiento en la vía pública, así como actividades y conferencias de prevención de violencia tanto por desconocidos como por sus propios familiares. El propósito es el de ofrecer al anciano un marco de seguridad que no recibe de las personas que los rodean habitualmente, o también porque no tenga a quién acudir bien por estar abandonados o por vergüenza. En otros casos, el voluntario podrá prestarle pequeños servicios y hacer para él pequeñas gestiones que, por diversas circunstancias, el anciano ya no puede realizar fácilmente.

Las metas más detalladas del modelo fueron las de mejorar la seguridad personal de los ancianos en sus hogares y en las calles; minimizar los lugares públicos sensibles con una mejor información sobre los tipos de riesgo; y, lo que no es menos importante, instándoles a denunciar todo acto ilícito o abuso. Para alcanzar sus objetivos la Policía comunitaria de Guiló trabaja con los distintos órganos comunitarios en los lugares de mayor concentración de ancianos y mediante la introducción de medidas preventivas como:

- Escolta de personas mayores cuando van al banco a cobrar la pensión de la Seguridad Social. Voluntarios de la SC, muchas veces adolescentes, acompañan a los ancianos de su casa al banco y viceversa. Por el día del mes en el que se presta este servicio, la unidad de voluntarios que lo realiza es conocida popularmente como "Comando 28", pero recibe el nombre más genérico de "Pensión segura".

- Alentar a las personas de edad a asistir a las distintas actividades sociales convocadas para ellos, y acompañarlos a los centros comunitarios donde se celebran.
- Difundir periódicamente normas de precaución en diferentes idiomas o dialectos para informar de los lugares más sensibles. También se ofrece esta información a través de conferencias, poniendo especial énfasis en las medidas a adoptar para no ser asaltados ni en la calle ni en la casa (no ir solos por la calle en horas nocturnas, no sacar dinero en público, no abrir la puerta a desconocidos).

Al igual que los ancianos, también las **personas discapacitadas, minusválidas o con deficiencias mentales** suelen ser víctimas de todo tipo de delincuentes. El CPC identificó en ellos al grupo más endeble de la población, pues a diferencia del anterior requieren una atención constante de terceras personas para que les atiendan, ayuden y defiendan. A pesar de que casi no son denunciados ante la policía, en especial por la dependencia arriba detallada, los delitos cometidos contra este grupo tienen, en su mayoría, las mismas características que los que afectan a la Tercera Edad. Pero se les agrega en muchos casos la opresión económica que ejercen los administradores de sus bienes o sus familiares, y de ahí que sea sumamente importante conversar con ellos -personalmente- para explicarles sus derechos legales. Hacerlo no siempre es fácil porque pueden no entender el contenido del mensaje, por lo que para esa función se procedió a enrolar a vecinos voluntarios que poseían esa habilidad.

En esta coyuntura el CPC de Guiló alentó la cooperación con los distintos órganos sociales a cargo de estas personas para introducir una serie de medidas preventivas y de protección, entre las que se pueden mencionar:

- Visitas periódicas a las casas de este colectivo por voluntarios de la SC para verificar que todo está en orden y, si es posible, conversar con ellos sobre sus derechos civiles y penales.

- Alentar a dichas personas a ir a las distintas actividades comunitarias y acompañarlos a los eventos.

- Publicar periódicamente normas de precaución en diferentes idiomas, incluido el Braille, para advertirles de los riesgos en ese momento.

El tercer grupo de riesgo que más atención ha recibido en Guiló durante la última década ha sido el de las **mujeres maltratadas**. Bajo el sugerente título de "Taller de Primavera" el CPC puso en marcha un modelo de prevención digno de mención y que fue parte integral del modelo holístico aplicado en todo el barrio. Dado que la violencia machista se ha convertido en un fenómeno que afecta a toda la población -independientemente de la clase social, religión y formación educativa- se decidió aplicar medidas que ofrecieran a las víctimas una "posición segura" para su bienestar y que no fuera ni en su casa, ni en la calle, ni en el lugar de trabajo. El modelo exigió "importar" a Guiló toda una plantilla de profesionales con una larga lista de espera por parte de otras localidades que querían también implementarlo.

La efectividad que ya había tenido en otras zonas instaba a una rápida decisión sin esperar a los profesionales de la policía, siempre saturados de trabajo y con poco tiempo disponible para detenerse en cada caso. Por ello, los responsables del CPC expusieron el modelo ante la dirección del Centro comunitario y, con su apoyo incondicional, publicaron en un medio local un artículo sobre el problema en el que se daba a conocer la apertura del nuevo taller. La información garantizaba máxima confidencialidad a todas aquellas mujeres que denunciaran su caso para evitar la vergüenza social que conlleva y evitar mayores daños por parte del cónyuge agresor.

Casi inmediatamente, el CPC recibió numerosas llamadas telefónicas tanto de mujeres interesadas en acogerse al programa como de otras personas que ofrecían voluntariamente su ayuda pudiendo reclutar así a tres voluntarios expertos con los que sacar adelante un taller de defensa personal en taekwondo (arte marcial coreana); otro, a cargo de la directora local de los Servicios Sociales, sobre los derechos y servicios a los que tenían posibilidad de acogerse; y un tercero, impartido por la jefa de Investigaciones de Violencia Doméstica en la Policía, en el que se expusieron los aspectos legales y la importancia de denunciar a los agresores hasta ahora impunes.

Dado el alto número de inscripciones, se efectuó una selección de candidatas de entre 25 y 50 años de edad -según el grupo de mayor riesgo que daban las estadísticas en Israel- y que, además, respondían a las necesidades y cualidades psicológicas y físicas requeridas. También fue necesario un permiso médico de que podían realizar esfuerzos físicos como para afrontar el curso de artes marciales.

El taller constó de ocho clases de dos horas cada una, la primera hora de explicaciones teóricas y la segunda de prácticas físicas. Las conferencias tocaron temas de interés como sensibilización del problema, identificación de situaciones de riesgo, análisis de incidentes, aspectos legales, identificación de comportamientos violentos y cursos preventivos de acción para evitar momentáneamente las situaciones peligrosas y reforzar su capacidad mental para responder mejor a cada crisis. El taller práctico incluyó ocho sesiones de una hora de duración en las que las mujeres fueron entrenadas en técnicas de autodefensa que les permitían neutralizar a sus agresores, generalmente más fuertes a nivel físico. A los tres meses de finalizar el taller, las denuncias de las víctimas que habían participado en él se incrementaron un 51.8%, detectando entre los casos una alta tasa de agresiones que fueron frenadas por ellas mismas gracias a las habilidades físicas adquiridas.

El "Taller de Primavera" es sólo un ejemplo elocuente de que la alianza entre la Policía comunitaria y el Centro comunitario, junto con voluntarios, pudieron transformar una realidad adversa y demuestra que cualquier barrio o comunidad de vecinos puede ser autosuficiente a la hora de solucionar problemas tan graves como la violencia doméstica. Es un importante ejemplo para otras sociedades, y en el caso particular de América Latina más aún, porque sus grandes ciudades y barrios, mucho mayores que los israelíes, contienen decididamente los elementos y herramientas necesarias para resolver sus propios problemas sin esperar a que llegue ayuda desde distantes capitales.

13. Conclusiones

En su concepción más contemporánea la institución policial fue creada para cumplir con los objetivos de proteger la vida humana, los bienes materiales privados y públicos, preservar la seguridad personal de los ciudadanos bajo su tutela y mantener el orden público en general. Todo ello mediante la aplicación de la ley según el ordenamiento jurídico y el código penal de cada país. Se trata de una función que concede al agente policial una autoridad por encima del resto de los ciudadanos, a pesar de que hay que tener presente que el policía es un miembro de la sociedad para la que trabaja. Debido a esta cualidad, y a diferencia de otros organismos públicos, la función policial requiere del profesional una serie de exigencias muy peculiares que pueden llevar a modificar su personalidad, y que desde luego tienen un impacto decisivo en su forma de vida. El policía debe así alejarse de su familia temporalmente para aprender la profesión, separarse de sus seres queridos por épocas prolongadas si el puesto de destino así lo requiriera, trabajar en horarios anómalos que sobrepasan el régimen de la mayoría de las profesiones, vivir una disciplina que sirva de ejemplo a los demás, vestir permanentemente un uniforme que le identifica con su profesión, portar pertrechos acordes a su función y, por último, vivir situaciones de peligro que le exigen acciones instintivas, en done el más mínimo error puede traducirse en un acto penal.

Quizás por estas razones, la Policía no es un lugar habitual de trabajo y se reducen al mínimo las personas que recurren a ella por la mera necesidad de empleo. La motivación y la vocación son dos elementos integrales de cualquier aspirante porque la gran diferencia entre un civil y un agente policial es que mientras el ciudadano puede hacer todo lo que no está prohibido por ley, el agente sólo puede actuar de acuerdo a unas normas y reglamentos definidos de antemano. Esta diferencia delimita con claridad las funciones de ambos dentro de la sociedad. Y es la que hace que los pocos encuentros entre un policía y un civil queden reducidos a entornos en los que civil se vea envuelto en actividades penales, bien como sospechoso, víctima o testigo, condiciones que en cualquiera de sus formas contribuyen a crear un ambiente conflictivo, cuanto menos de tensión, entre ambos personajes. Los resultados sobre la opinión que los civiles suelen tener de la Policía son transparentes en la mayor parte de las sociedades occidentales, si bien ésta se agrava particularmente en sociedades jóvenes, en las que han salido recientemente de regímenes no democráticos y por tanto no pueden vislumbrar aún un futuro claro, o las que pasan por un proceso de desarrollo socioeconómico acelerado en el que la brecha social entre ricos y pobres se dispara con rapidez. La injusticia social en el ciudadano, o quizás mejor el "sentimiento" de injusticia social, suele arrastrar de un lado actitudes de hostilidad hacia todo lo que representa a la autoridad, sea civil o militar. Del otro, suele fomentar el abuso de poder y tráfico de influencias por parte de las autoridades, incluidas en muchos casos las policiales, que acaban por crear ese terrible círculo vicioso de abuso y desconfianza mutua. Romperlo es únicamente posible por medio de nuevas estructuras y mecanismos que apuntan a la acción global de todos los organismos públicos y la participación ciudadana, entre los que la Policía comunitaria, de acuerdo al modelo aquí presentado, es uno de sus vértices más relevantes porque aspira a ser el punto de encuentro entre la autoridad y el ciudadano de a pie. Y aunque el tema de la Policía comunitaria ha sido analizado a nivel mundial de distintas formas y distintos ángulos que han generado a veces conclusiones divergentes, la premisa básica es que todos los que han recurrido a su puesta en práctica buscan un sólo fin, y es el de devolver a los ciudadanos la sensación de seguridad de la que son acreedores por ley natural.

En esta obra se hacen funcionar todos los engranajes de un cuerpo de Policía comunitaria ideal según las líneas maestras de Robert Peel, ministro británico del Interior entre 1822 y 1830, creador de la Policía Metropolitana de Londres. La concibió como un órgano de actuación preventiva del crimen, pero sin olvidar que, a final de cuentas, y por la propia naturaleza humana, siempre habrá infractores y delincuentes de los que sólo pueda dar cuenta la policía clásica y el código penal. Le confirió una amplia perspectiva social al establecer la creación de alianzas comunitarias con el fin de afrontar con efectividad las dimensiones sociales y económicas que alientan el delito. Prescribió para ella la gestación de programas preventivos mancomunados entre la policía, el municipio y la comunidad que hagan menos necesario el uso de la fuerza policial reactiva.

Elementos más modernos son la incorporación de un voluntariado vecinal que ayude a velar por sus propios problemas de seguridad, haciendo partícipe al ciudadano de su propio destino y de la responsabilidad colectiva; y la constatación periódica de efectividad tanto del "**MULTIPOL©**" como de la labor que desempeña para no incurrir en ese círculo vicioso del que hablamos con anterioridad.

El caso de Israel, en general, y el de la Microzona de Guiló, en particular, según la descripción expuesta en el capítulo anterior, dan fe de que la confianza que los vecinos pueden llegar a depositar en la actividad policial no es una función numérica sino conceptual y ejemplifican cómo un solo policía puede generar un cambio dramático a la hora de devolver a la comunidad la sensación de seguridad, aún en tiempos bélicos, en un lugar donde más de 60 agentes del orden lo habían intentado sin éxito en tiempos de rutina.

Allí, en Guiló, se aplicaron modelos comunitarios de prevención de violencia diseñados a nivel nacional por la comandancia general de la Policía comunitaria y planes a nivel zonal según las recetas del policía a cargo de la Microzona, que respondían específicamente a las necesidades locales. Fueron adaptados a la medida exacta de la comunidad como si fuera un traje diseñado por un sastre. Algunos con más éxitos que otros, pero en conjunto -no olvidemos que se trata de un modelo holístico- el resultado fue un pronunciado descenso en los índices de delincuencia en 2006 (46%). La clave de este éxito radica en el voluntariado porque se aplicó un modelo que buscaba rebajar los niveles de criminalidad mediante el máximo aprovechamiento del voluntariado civil movilizándolo a zonas y en horarios muchas veces de alto riesgo. No obstante, todo lo que los voluntarios hicieron fue mostrar presencia policial, personarse con patrulleros y luces policiales de forma que los delincuentes pensaran que se trataba de la policía y buscaran otros lugares para su actividad ilícita. Los voluntarios, tal y como aparece descrito en el capítulo 7, no practicaron arrestos de delincuentes. La alta tasa de voluntariado en la "Seguridad Comunitaria" permitió a su vez al "**MULTIPOL©**" diseñar un plan de acción con el que podía abarcar más zonas y durante más tiempo. Estos recursos permitieron dar prioridad a las patrullas de a pie, puesto que la cantidad de voluntarios movilizados por turno superaba la capacidad de abastecer medios de locomoción a cada una de ellas.

El éxito tan contundente en el aspecto penal se tradujo sin embargo en un importante incremento de la violencia juvenil, que se vio descuidado por haber dedicado todos los esfuerzos existentes en mermar la delincuencia y a pesar de que parte de tales actividades eran generadas por menores. Ese indicador demuestra que a pesar de la importancia que cada tema pueda implicar por las distintas políticas de jefatura, siempre habrá que dejar una reserva de fuerzas para operar en actividades de rutina. Volver a nivelar la violencia juvenil a sus parámetros originales llevó más de un año y, mucho más tiempo, el comenzar a reducir esos índices.

En toda actividad de la Policía comunitaria, la difusión y publicidad juegan un papel primordial. Pero contrariamente a las grandes organizaciones comerciales, que reservan altos presupuestos para publicidad de imagen corporativa, difusión de mercancía, anuncio de nuevas colecciones, información sobre mejoras y medios de comunicación por los cuales el cliente podrá ponerse en contacto, el de los ministerios gubernamentales -entre ellos el de la Policía- es mucho más bajo. Al igual que los grandes monopolios, estos organismos públicos suelen sentirse exentos de este gasto porque lo ven innecesario. Saben que el que precise de sus servicios puede recurrir únicamente a él. Se trata sin duda de un pensamiento erróneo porque la difusión de información y la actividad pública de la Policía comunitaria son los canales más efectivos para cambiar de forma progresiva la imagen de la Policía local. La Microzona de Guiló puede ser un ejemplo de cómo hacerlo.

Debido que hasta el año 1999 el vecindario solamente conocía la Policía clásica y sus funciones reactivas (estando por naturaleza alejada de contactos productivos con la comunidad), la primera labor del jefe de su CPC fue cambiar esa imagen mediante una comercialización virtual de la nueva Policía comunitaria. La estrategia fue presentar la imagen de un policía que, cuan empresa comercial, ofrece sus servicios al público en general y al vecino en particular como una suerte de cliente. El lema subliminal de la campaña fue "vender la policía a la comunidad" con una colección de información sobre las actividades del policía comunitario y sus objetivos inherentes: satisfacer el bienestar público mediante modelos sociales y servicio personal. Como si de un producto comercial se tratara, se adoptó una estrategia de comercialización y venta, el primero para ajustar el producto a las necesidades del consumidor y el segundo para persuadirle.

Comercialización y venta son dos actividades paralelas, la una dirigida a la detección y la creación de la demanda, y la otra para satisfacerla.

En el caso de la Policía comunitaria, la "venta" de servicios tales como "cambiar patrones de conducta", "prevenir actos criminales" o "ejecutar modelos comunitarios" requiere cada uno por separado una línea específica de marketing. Elaborar un plan conjunto exige trabajar con tres parámetros básicos: conocer profundamente la materia, una capacitación básica en marketing estratégico y comunicaciones y, por último, crear un "Banco de ideas" al que se pueda recurrir cuando sea necesario. Por ello el primer paso en Israel fue el de proporcionar al "**MULTIPOL©**" una formación básica en Comunicación de masas -el curso forma parte del plan de estudios de la Policía comunitaria-, que introdujo al agente en ese distante mundo del marketing convertido en herramienta vital para adornar el escaparate de su propia imagen. Para exponerla con claridad debe antes recopilar toda la información sobre su clientela y dotar su carpeta de terreno con todas las respuestas sobre el nivel socio-económico, educativo o lugares de origen. Es fundamental que cualquier actividad informativa esté basada en datos contrastados y actualizados porque el público conoce sus propios problemas y probablemente esté harto de las "medias verdades" de los funcionarios públicos.

Una vez alcanzado el nivel de conocimiento requerido sobre el terreno gestionado, el policía comunitario debe compatibilizar el servicio ofrecido a la estrategia seleccionada, exhibir los éxitos (sin ocultar los fracasos) y la nueva estrategia para no volver a fallar. Sólo entonces elegir los medios que formarán la cadena de conexión entre el público y la organización policial. Por accesibilidad económica, popularidad y eficacia, vias muy recurridas son las de panfletos en buzones, carteles callejeros de grandes dimensiones que no pasen desapercibidos y letreros luminosos -en horas de oscuridad son los más efectivos-, así como reportajes de presentación del CPC y de su actividad en los medios de comunicación locales.

CONCLUSIONES

La estrategia en todos los medios mencionados incluye en primer lugar la interiorización del mensaje básico - "el Centro de Policía comunitaria es tu policía, más cercana, más disponible y más comunitaria"-, y después el ofrecer información sobre los servicios policiales y comunitarios brindados, horarios de apertura, números de teléfono para concretar citas sin demora, actividades e iniciativas. La comercialización final de las ideas básicas y el traspaso de información sólo podrán venir después de la aplicación efectiva de los procesos internos de cambio, de forma que los recursos destinados a esta difusión no acaben desperdiciados, es decir, deben realizarse sólo después de tener evidencia fundada por medio de encuestas sobre el nivel de satisfacción del público antes y después de la creación del CPC.

En la Microzona de Guiló, el cambio en la aceptación comunitaria fue contundente. Hasta el año 1999 todas las llamadas de pedido de asistencia policial llegaban únicamente al Centro de Emergencia de la Policía (100), mientras que en 2009 las estadísticas mostraban que, de cada 10 llamadas, 7 eran hechas directamente al teléfono móvil del "**MULTIPOL©**". Esta frecuencia permitió a los patrulleros de la Policía clásica ocuparse de las llamadas en otras zonas de la ciudad. Lamentablemente, no fue éste el resultado en todos los CPC del país, y una de las razones a las que se puede atribuir las diferencias es al uso de las herramientas de comunicación. Por distintas razones, no todos los policías comunitarios saben o pueden aprovechar en igual medida las vías de difusión y la alianza con los medios de comunicación o, sencillamente, sus cualidades personales no ofrecen la personalidad requerida para la utilización de esta poderosa herramienta, sin que ello desmerezca otras cualidades suyas que les hacen igualmente aptos para ser agentes de este cuerpo de policía tan particular.

El éxito de la Policía comunitaria radica también en otra herramienta que a lo largo de esta obra ha recibido atención en todo momento: la evaluación y supervisión de los modelos. La definición de objetivos y su evaluación constante es básicamente lo que permitirá al agente progresar y adaptar su estrategia de marketing, haciendo posible destinar los siempre escasos recursos a la actividad más urgente y por las vías más adecuadas y eficaces. En la Microzona descrita se trabajó con "cuadros de prioridades" (procedimiento que ayuda a denotar actividades -penales en nuestro caso-, en relación a cantidad, calidad, tiempos y lugares en las que son realizadas, basándose en los modelos llevados a cabo, defendiéndolos o no, y de acuerdo a si fueron alcanzadas las metas fijadas) que permitían analizar la actividad por períodos, en un estudio intermitente desde las primeras fases del modelo aplicado hasta las más avanzadas. Esta técnica comparativa de los objetivos y logros alcanzados facilita la visión del rumbo a seguir e incluso revela si los objetivos planteados merecen ser reorientados por ser erróneos o demasiado ambiciosos. La primera verificación, a realizar a los tres meses, suele ser crucial para descubrir errores de concepto en tanto que las más avanzadas (a los seis y doce meses) son de "afinamiento". La de los tres años ofrecerá realmente una visión fidedigna del éxito del modelo.

Un ejemplo práctico de la importancia de estas verificaciones es que, como en todo campo policial, el delincuente suele acabar descifrando los códigos y procedimientos de actuación de la policía, y las nuevas estrategias y tácticas a aplicar dependerán de estos comportamientos.

En este juego las alianzas comunitarias son otra de las herramientas imprescindibles, y no sólo con el Centro comunitario local, que es el aliado principal, sino con ONGs, organizaciones civiles, vecinales, religiosas, municipales, educativas y otras. Sólo la acción conjunta de todas ellas favorecerá una aplicación efectiva del modelo mediante la solución de los problemas que aquejan a la población. Sin resolver el hambre no se puede ni aspirar a resolver problemas de robo. Sin resolver los problemas educativos y sociales de la juventud no se puede poner fin a la violencia juvenil. Sin una educación apropiada no se podrá lidiar con la violencia doméstica, y así sucesivamente. La interdependencia entre la situación sociodemográfica de una comunidad y la delincuencia que sufre es ineludible, y romper el círculo vicioso exige tratar todos estos problemas en sus raíces con la colaboración de todos los organismos públicos pertinentes. A los efectos, el "**MULTIPOL©**" hace las veces de detector, trasmisor de información y coordinador de programas de trabajo.

No por ello el entramado de alianzas que requiere un plan generalizado de acción está exento de peligros. La posibilidad de caer en favoritismos entre los mismos aliados, o incluso su politización, puede desestabilizar el programa y arrojar sombra sobre la imparcialidad que ha de exhibir la Policía en todo momento. Quizás por esta razón es recomendable dejar fuera de las alianzas a organizaciones privadas o aquellas de orden público que su aporte sea netamente material. Por el contrario, parte intrínseca y clave de cualquier alianza serán siempre los habitantes de la Microzona, cuyo apoyo no debe reducirse simplemente a palabras sino a la puesta en práctica de planes y la aceptación de su propio destino por vía del voluntariado. Guiló es un ejemplo elocuente de las dimensiones que puede llegar a tener esta actividad. En un barrio de 45.000 habitantes, el 16,8 por ciento (7.560 personas alternativamente) toman hoy parte en actividades voluntarias de algún tipo, y el 2,38 por ciento de ellos (225 personas) lo hacen en la Seguridad Comunitaria junto al policía a cargo del CPC. Estas estadísticas dejan bien claro el cambio anímico generado por las alianzas, que consiste principalmente en una visión altruista de responsabilidad colectiva. En lugar de esperar a recibir, como ocurre en cualquier comunidad necesitada, los vecinos del barrio salieron a dar, cada uno lo que podía y en su ámbito más cercano.

Se trata de una actividad que requiere constante motivación, porque ser voluntario es una elección y no una obligación. Sin el aliciente de mejorar su calidad de vida o de participar en una profesión con la que se siente identificado, el voluntario acabará rompiendo filas y alentando una actitud parecida en otros, fenómeno que ha de ser combatido con acciones que le hagan sentir parte de un todo, de un equipo que aprecia su generosidad, profesionalismo y aportación individual. Ello siempre y cuando sus actividades no sean contraproducentes para los objetivos del CPC y de la actividad policial. La influencia mutua, tanto positiva como negativa, suele entrar en acción en el roce más íntimo y continuo en un ambiente de confianza y hasta de complicidad. Suele ser en entornos como la guardia en un patrullero, en los que la influencia de un voluntario sobre otro disfruta de toda la coyuntura necesaria. Es allí también donde la conducta de uno influye sobre la del otro y no necesariamente en el plano negativo. Un voluntario puede absorber de otros valores que no estaban a su alcance hasta ese momento como, por ejemplo: orden, responsabilidad, respeto mutuo, justicia, honestidad, solidaridad, integridad moral, respeto a la vida y tolerancia hacia lo distinto. Valores que en definitiva acabarán filtrándose por toda la comunidad a través de sus propios hogares.

Los resultados de estos principios son visibles en un Israel entregado desde siempre al voluntariado -es uno de los primeros países del mundo en concienciación social y responsabilidad comunitaria- pero como todo en la vida, o casi todo, los modelos y comportamientos son transferibles a cualquier parte del mundo. El traslado de todos estos planes a las sociedades de América Latina debe estar sujeto a las condiciones reinantes en cada una de ellas, pero en esencia el problema suele radicar siempre en los mismos elementos o motivos. Algunos tienen que ver con fenómenos psicológicos típicos de la infancia y son reacciones uniformes a la violencia física, psicológica, emocional o verbal de la que ellos mismos puedan ser objeto. Otros están relacionados con crisis o problemas socioeconómicos dentro del núcleo familiar, a los que los niños y jóvenes están expuestos sin que puedan influir en sus resultados. Sin olvidar elementos como cambios fisiológicos y sociales, la falta de "valores humanos" y de personajes positivos con quién identificarse, o la tendencia a buscar la pertenencia a algún grupo que acaban conduciéndoles al consumo de alcohol o drogas. Más extremos son los casos ajenos a su entorno o su propio comportamiento, como el haber sido víctimas de pedófilos, vendedores de droga, pandilleros, violencia clásica entre adolescentes o los relacionados con síntomas de depresión y ansiedad

Es por ello también que la actividad policial no puede ir desconectada en ningún caso de las acciones de otros organismos profesionales que apoyen la creación de sólidas bases sociales, instauren un orden comunitario que defienda el interés colectivo por encima del individual y que apunte hacia un desarrollo social y económico generalizado. No se trata de soluciones a corto plazo sino de planes de largo alcance que requieren el involucramiento de gobiernos locales, nacionales y, en muchos casos, de organizaciones internacionales. Esta gran alianza por el desarrollo y la seguridad comunitaria es la única que podrá sentar las bases de un futuro mejor y erradicar de cualquier sociedad problemas que en gran medida están relacionadas a raíces sociales y no meramente delictivas.

Evidentemente no todo lo que es útil para una zona lo será igualmente para otra, más aún cuando las vastas dimensiones de América Latina hacen de ella una amalgama de culturas y tradiciones, cada una con su propia idiosincrasia, virtudes y defectos. Más aún cuando en el Continente, las actividades vecinales y comunitarias no son nuevas, y cualquier programa como los propuestos debe tener en cuenta las iniciativas que, con mayor o menor éxito, están ya en marcha, algunas incluso desde hace décadas. En Perú, por ejemplo, existen las "Brigadas vecinales de Seguridad Ciudadana", integradas por un grupo de vecinos voluntarios conocidos como "Los ángeles guardines de los niños" que contribuyen a proteger a los escolares durante los ingresos y salidas de los principales centros educativos de la localidad de Jesús María[21]. Otro ejemplo en ese país es el del distrito

---

[21] http://www.munijesusmaria.gob.pe/sg-segur-brigadas.php

de Bellavista[22], donde las juntas vecinales se organizaron para proteger a la población de la creciente violencia.

En Nicaragua existe una red de líderes voluntarios[23] que es básica en la solución de los problemas de las comunidades y barrios. Para la Fundación Nicaragua Nuestra, desde sus inicios en 1997, la organización y participación de la comunidad, sin distinciones partidistas o religiosas, ha sido un aspecto fundamental en la búsqueda de soluciones y en el éxito de los resultados. Y en Argentina se puede mencionar el programa de vecinos voluntarios de seguridad del Consejo de Administración de la Cooperativa del Barrio Santa Ana (COBSA), Departamento de Guaymallén, Provincia de Mendoza[24], o el programa "Santa Lucía Alerta Vecinal"[25], en la provincia de San Juan, que incluye, entre otras actividades, la creación de una Guardia Urbana Municipal que colabora con la policía provincial y la participación activa de los vecinos de la comunidad para la prevención del delito. México[26] y Chile[27], con sus distintos proyectos de alarmas vecinales, son dos ejemplos claros más de la participación ciudadana en la vigilancia y seguridad comunitaria en América Latina.

Todos y cada uno de los modelos anteriormente expuestos (y otros que no han sido recogidos) son dignos de estudio, y demuestran distintos grados de efectividad de acuerdo a las exigencias locales. Quiere decir que no importan las tácticas siempre y cuando el plan de acción previsto conduzca a los resultados esperados. La diferencia más notable entre estos programas y el modelo israelí es la base legal que

---

[22] http://especializadisimos.blogspot.com/2011/06/la-seguridad-ciudadana-en-manos-de-los.html

[23] www.nicaraguanuestra.org.ni/index.php?option=com_content&view=article &id=19: red-de-lideres-voluntarios&catid=5:articulos

[24] www.sistemas.seguridad.mendoza.gov.ar

[25] www.AlertaVecinal.com

[26] www.provecino.org.mx/seccion2/alarmas_v.htm

[27] www.curico.cl

regula las actividades de los voluntarios y que en Israel les concede el estatus de *quasi* policías, según el artículo 49A de la Ordenanza Policial. En este sentido, sentencia que "el procedimiento disciplinario de un miembro de la Seguridad Comunitaria en momentos de cumplimiento de su deber respecto a sus deberes, derechos, poderes, confidencialidad y subordinación, será como el de un policía", siempre y cuando el voluntario haya recibido la formación obligatoria y hubiera estado de servicio. Las principales pautas que definen la ley y ordenanzas israelíes son, por tanto:

1. La labor policial y, por ende, de los voluntarios de la SC se realizará respetando los derechos humanos.
2. Al voluntario, en momentos de actividad, le serán concedidos derechos y obligaciones como los de un policía.
3. La policía se podrá auxiliar con voluntarios de la SC para cumplir con sus funciones legales en tiempos "normales" y de crisis.
4. La policía está obligada a adiestrar permanentemente al voluntario antes de poder activarlo.

Estas atribuciones y responsabilidades profesionalizarán al vecino en la actividad policial y le incentivarán a formar parte del cuerpo de voluntarios sin temor a quedar expuesto frente a actitudes ilegales por parte de los delincuentes con los que deba lidiar.

Para hacer del SC un cuerpo más profesional, en el 2010 y después de una década de experiencia, se intentó traspasar a la mayoría de los voluntarios de la actividad clásica de patrullaje barrial a las Unidades Especiales, iniciativa que causó desinterés entre los voluntarios y que apartó del cuerpo a aquellos que no tenían las aptitudes personales y profesionales requeridas, como por ejemplo por cuestiones de edad o por no haber cumplido el servicio militar obligatorio. El cambio generó una reducción considerable de recursos humanos y, en un corto plazo de tiempo, dejó a la Policía sumida en un aluvión de trabajo que no pudo contener por la falta de patrullas vecinales. A los seis meses de ese cambio, en la segunda verificación del nuevo modelo, la Policía decidió cancelar la iniciativa por falta de resultados positivos y descontento entre la ciudadanía, y regresó al formato de voluntariado clásico como base de su actividad en los centros urbanos.

El lector deberá pues recapacitar sobre cada uno de los modelos para su adaptación al ámbito en el que vive, hacer los cambios pertinentes para que el modelo en general, tomando en cuenta a todos y cada uno de sus componentes, pueda ser aplicado a la realidad constitucional, penal y socioeconómica de su zona particular. Componentes o factores que influyen en la aplicación del modelo pueden ser las limitaciones legales de cada jurisdicción, ya que no es lo mismo una sociedad que tolera armas en manos de civiles que otras donde la ley las prohíbe. En este sentido, otro caso particular es la instauración de la "Seguridad Comunitaria" ya que no todos los estados están preparados legalmente para permitir su actividad, lo que exige una revisión de necesidades, posibilidades y un tratamiento tanto estatutario como constitucional del tema.

Asimismo, no todos los cuerpos policiales del mundo trabajan de igual manera, sino que tienen parámetros laborales variables que pueden condicionar la actividad de una Policía comunitaria que requiere completa dedicación del agente y que éste permanezca en el mismo destino durante varios años. En el mundo hay cuerpos en los que el agente trabaja en horario diurno, en los que se trabaja por jornadas semanales viviendo dentro del cuartel policial; hay policías que viven con sus familias y otros que son destinados a zonas alejadas de las mismas; hay quienes tienen limitados los períodos de servicio en una misma comunidad a contados meses sin poder llegar a conocer verdaderamente a los vecinos y ni, mucho menos, hacerse merecedor de la confianza de la comunidad.

Todos los modelos son adaptables y las únicas premisas inalterables son las de que el "**MULTIPOL©**" no sea cambiado de destino durante por lo menos seis años, permitirle la autonomía suficiente para que cumpla con sus funciones comunitarias y, lo que es más importante aún, brindarle todo el equipamiento y recursos requeridos. Una vez cumplidos esos prerrequisitos, los jefes policiales y los encargados de administración civil deberán evaluar anualmente la labor del agente y su aptitud para la función. En líneas generales, la Policía comunitaria ha probado ser la herramienta más efectiva y poderosa a disposición de la sociedad para crear un clima de seguridad y confianza. Es un ejemplo de que, con esfuerzo, dedicación y compromiso por parte de un solo policía, la seguridad ciudadana no tiene porqué ser una utopía.

De lo que no debe quedar dudas es que el futuro de nuestras sociedades, pueblos y países merece una atención adecuada. Merece ser tratado con cuantos recursos pueda disponer el estado o la ayuda internacional y no enterrar la cabeza -cuan avestruz- a la espera de que los problemas desaparezcan. Algunos de ellos, los coyunturales, podrán desvanecerse a lo largo del tiempo, los estructurales sólo se agravarán y evolucionarán a dimensiones y facetas cada vez más difíciles de resolver. La experiencia del barrio de Guiló demuestra que, incluso cuando los retos son titánicos, una acción coordinada por parte de todos con las correctas medidas preventivas puede generar ese cambio que, *a priori*, puede parecer inalcanzable.

Mapas y gráficos

Mapa de Israel y de sus distritos policiales, p. 30

Estructura orgánica de la Policía de Israel, p. 31

Estructura organizativa de la Policía en sus distintas ramas, p. 33

Estructura orgánica del CPC, p. 40

Estructura orgánica del Departamento de Voluntarios, p. 79

Funciones de los voluntarios menores de edad, p. 89

Carpeta de terreno, p. 97

Cuadro de prioridades, p. 101

Mapa del barrio de Guiló, p. 172

Made in United States
Orlando, FL
09 October 2023